Piazza del Duomo

Cité parmi les plus imaginatives d'Europe, Milan dicte la tendance. Les fashionistas y déambulent, les designers s'y réalisent, les grands chefs de la gastronomie s'y expriment avec brio. À la pointe de la modernité et toujours en mouvement, la capitale économique de l'Italie cultive un art de vivre bien à elle, qui séduit à la fois les amateurs de culture ancienne, les passionnés d'architecture et les noctambules invétérés.

La première ville de Lombardie est aussi la porte d'entrée vers les célèbres lacs d'Italie du Nord. Lac Majeur, lac de Côme ou lac de Garde, leurs rives tapissées de jardins et semées de cités médiévales sont autant d'occasions de délicieuses escapades romantiques.

LES INCONTOUR-NABLES

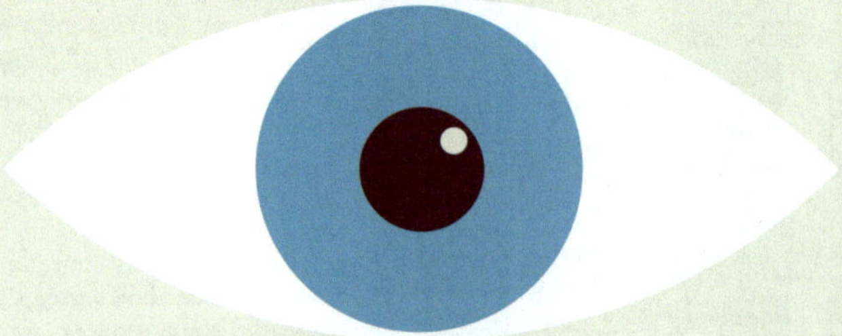

▶ Duomo

Toute de marbre rosé, hérissée de flèches et de statues, la cathédrale de Milan tient de l'apparition ! Impossible de ne pas succomber à sa flamboyance, à son exubérance et à la vue somptueuse qu'elle dévoile depuis ses toits. **Voir p. 22.**

Quadrilatero della Moda ◀

Une promenade dans le quartier le plus fashion de la ville s'impose : quatre rues « dorées » renferment le best of des grands couturiers italiens. **Voir p. 42.**

La Scala de Milan

Théâtre lyrique de légende, la Scala envoûte les mélomanes depuis 1778. Tous les plus grands s'y sont produits, de Verdi à Toscanini en passant par Callas et Pavarotti. **Voir p. 28.**

▶ Pinacoteca di Brera

Cette pinacothèque, parmi les plus importantes d'Italie, conserve une collection impressionnante de toiles de maître. Du XIVe au XXe s., les plus grands noms de la peinture italienne sont là, de Mantegna à Raphaël. **Voir p. 52.**

Basilica di Sant'Ambrogio

Rigueur architecturale, harmonie des proportions, éclat discret du décor : voici les trois ingrédients de la beauté qui caractérise l'un des plus célèbres chefs-d'œuvre de l'art roman en Italie, où même Bramante laissa sa signature. **Voir p. 69.**

Villa Necchi Campiglio

Résidence de l'industriel Angelo Campiglio et de sa famille, cette superbe villa, insérée dans un vaste parc, est un pur chef-d'œuvre d'architecture rationaliste et d'Art déco. **Voir p. 89.**

Cenacolo Vinciano

Parmi les plus célèbres peintures murales du monde, la délicate *Cène* de Léonard de Vinci (fin du XVe s.), qui représente le dernier repas du Christ, bouleverse par sa subtilité et sa modernité déconcertante. **Voir p. 67.**

Les îles Borromées

Jardins suspendus, palais, orangeraies, grottes sculptées, paons… l'Isola Madre, l'Isola Bella et l'Isola dei Pescatori tiennent du conte de fées. Les trois perles du lac Majeur invitent à l'évasion, le temps d'une escapade romantique. **Voir p. 151.**

Les villas du lac de Côme

James Bond, Star Wars, Ocean's Twelve… les abords du lac de Côme ont beaucoup inspiré les réalisateurs de cinéma. Et pour cause : les villas qui les bordent, entourées de jardins merveilleux, sont un summum du romantisme. **Voir p. 166-172.**

Les jardins de citronniers du lac de Garde

Vers Limone sul Garda, d'étranges structures agricoles s'élancent vers le ciel, serrées entre la montagne et le lac, permettant autrefois la culture des citrons. Un patrimoine unique en son genre. **Voir p. 195.**

Vittoriale degli Italiani

Loufoque, grandiose, mystérieuse, la dernière demeure du poète Gabriele D'Annunzio, sur les bords du lac de Garde, tient de l'invraisemblable. **Voir p. 193.**

Piazza Vecchia, Bergame

À la tombée de la nuit, cette magnifique place a tout du décor de théâtre. On s'y promène comme dans un rêve, émerveillé par son imbrication de palais, loggia, tour, escalier et façades de marbre. Une concentration de beauté qui laisse baba d'admiration ! **Voir p. 180.**

EXPÉRIENCES UNIQUES

Visiter un sous-marin au cœur de la ville

Une visite guidée que vous n'êtes pas près d'oublier ! Revivez quelques heures de la guerre froide en visitant les installations intérieures de l'*Enrico Toti*, un submersible de 46 m de long installé dans la cour du Museo Nazionale della Scienza e della Tecnologia. **Voir p. 69.**

Sacrifier au rituel de l'*aperitivo* à la milanaise...

... en se mêlant aux locaux pour siroter un spritz et grignoter olives, *pizzette* et *foccacine*. Ambiance festive vers les Navigli et dans le quartier de l'Isola, romantique et sélecte autour du Duomo, ou populaire vers la Porta Romana.

Assister à un opéra à la Scala de Milan

On entre dans ce théâtre comme dans une église, plein d'émotion au souvenir des grands noms qui s'y sont produits. Il y règne comme une atmosphère sacrée. **Voir p. 28.**

Assister à un concert classique en plein air

Plusieurs festivals de musique classique investissent les merveilleuses villas du lac de Côme aux beaux jours : la Villa Carlotta, la Villa del Balbianello… Difficile de faire plus romantique qu'une représentation dans l'un des jardins, avec vue sur un lac au soleil couchant. **Voir p. 217-218.**

Pédaler le long des Navigli…

… en profitant du terrain tout plat des berges de ces canaux navigables. On découvre chemin faisant un autre visage de l'agglomération, avec écluses, petits ponts de fer, berges sauvages, villages paisibles et champs de coquelicots. **Voir p. 118.**

Voler sur les hauteurs du lac Majeur…

… suspendu à un câble d'acier, à 350 m du sol. La tyrolienne géante procure les sensations du vol d'un oiseau tout en dévoilant des paysages grandioses. Adrénaline garantie ! **Voir p. 162.**

Jouer les apprentis Léonard...

... en participant à un atelier de peinture en plein air dans le somptueux décor de la ville haute de Bergame. Vous repartirez ainsi avec un souvenir de voyage absolument unique ! **Voir p. 187.**

Remonter le temps dans un triporteur de légende...

... en filant cheveux au vent dans une Ape Calessino, de la célèbre marque Piaggio. Une façon amusante de vivre la *dolce vita* sur les rives du lac de Côme, qui vous renverra tout droit dans les années 1950. **Voir p. 176.**

Faire son chemin de ronde...

... sur les remparts du Castello Sforzesco de Milan, pour percer les secrets des Visconti et des Sforza, seigneurs de Milan à la Renaissance, et mettre ses pas dans ceux de Léonard de Vinci et des courtisans. **Voir p. 76.**

Profiter des vents du lac de Garde

La brise soutenue qui souffle toute l'année sur la partie nord du lac de Garde est propice aux sports nautiques, en particulier la voile, le Windsurf et le kitesurf. **Voir p. 199.**

NOS ADRESSES COUPS DE CŒUR

De la table gourmande au bar mythique pour l'*aperitivo*, en passant par la boutique de créateur, le glacier artisanal et la terrasse avec vue sur un lac, voici les adresses fétiches de notre auteure, Nathalie.

Trattoria Milanese

Pas moyen de venir à Milan sans aller dévorer une *cotoletta* dans cette trattoria légendaire.

Milan, quartier 1, p. 32.

Terrazza Aperol

Terrazza Aperol

Au crépuscule, boire un spritz sur cette terrasse confine au rituel. On s'y frotte à quelques jet-setters et élégantes en talons griffés sur fond de Duomo illuminé. Inoubliable !

Milan, quartier 1, p. 34.

Pizza AM

L'adresse ne désemplit jamais, et pour cause, on y sert l'une des meilleures pizzas de toute la ville dans une ambiance chaleureuse !

Milan, quartier 10, p. 142.

Remulass

Monica Castiglioni

Il Pescetto

Une envie de saveurs iodées et hop !, je file au Pescetto, la nouvelle coqueluche des amateurs de produits de la mer.

Milan, quartier 3, p. 60.

Ge.lab

Voilà un péché mignon dont on n'a pas à se repentir : ici, les glaces sont originales, succulentes, et leur texture fondante est aussi légère que digeste.

Lac de Côme, p. 172.

La Rampolina

Mon adresse fétiche pour échapper à la foule du bord de lac sans le perdre des yeux et me régaler de poissons d'eau douce, en terrasse, sous une glycine odorante.

Lac Majeur, p. 159.

Remulass

Ma botte secrète pour démontrer par des saveurs renversantes que la cuisine italienne va bien au-delà des pâtes et des pizzas.

Milan, quartier 6, p. 92.

Monica Castiglioni

Résister aux créations en bronze de Monica Castiglioni est tout simplement mission impossible !

Milan, quartier 9, p. 133.

UN GRAND WEEK-END SUR MESURE À MILAN

Nous avons découpé la capitale lombarde en 10 quartiers, que vous ne pourrez bien sûr pas parcourir intégralement en trois jours. Mais, en suivant notre programme, vous serez assuré de découvrir différents aspects de la ville, en goûtant à son atmosphère si particulière, et sans passer à côté de ses sites incontournables.

J1

Matin

Après avoir débuté votre journée *alla milanese* par un cappuccino-brioche, partez saluer le Duomo, puis laissez-vous étourdir dans la Galleria Vittorio Emanuele II avant de visiter le mythique Teatro alla Scala et son musée. **Quartier 1.**

Le long des Navigli

Midi

Deux options pour du 100 % local : avaler un *panzerotto* chez Luini, suivi d'une glace chez Artico, ou vous offrir un déjeuner de rêve chez Giacomo Arengario (réservez pour une table en terrasse).

Après-midi

Après une immersion glamour dans le Quadrilatero della Moda, une visite de la Pinacoteca di Brera s'impose pour remonter aux sources de tant d'élégance et de beauté ! **Quartiers 2 et 3.**

Soir

Finissez la journée à l'une des tables du quartier animé de Brera. **Quartier 3.**

J2

Matin

Direction le Castello Sforzesco pour une plongée dans l'univers des ducs de Milan et une visite à la *Pietà Rondanini*, ultime et émouvante sculpture de Michel-Ange. **Quartier 5.**

Midi

Déjeuner léger sur la terrasse du Triennale Design Café, en bordure du Parco Sempione, ou plus traditionnel à la Trattoria della Pesa.

Après-midi

Après-midi spirituel, d'abord au couvent de Santa Maria delle Grazie, dont le réfectoire abrite *La Cène* de Léonard de Vinci, puis sous les voûtes romanes de Sant'Ambrogio. **Quartier 4.**

Soir

Apothéose musicale au Teatro alla Scala ou au Blue Note, selon vos préférences. **Quartiers 1 et 9.**

Piazza del Duomo et Galleria Vittorio Emanuele II

J3

Matin

Deux options pour cette dernière matinée : une session shopping le long du Corso Como et dans le quartier animé de l'Isola, ou une incursion dans l'intimité de la haute bourgeoisie milanaise des années 1930 à la Villa Necchi Campiglio. **Quartiers 6 et 9.**

Midi

Déjeuner au jardin à la Caffetteria della Villa Necchi Campiglio ou dans le cadre pimpant du Frida Café.

Après-midi

Direction le Design District pour la visite du très branché MUDEC, suivie d'une promenade le long de la Darsena et des quais du Naviglio Grande, entre ateliers d'artistes et boutiques vintage. **Quartier 8.**

Soir

Soirée festive dans les nombreux bars et restaurants du quartier des Navigli. **Quartier 8.**

Conseil

Pour un aperçu pittoresque de la ville, empruntez le légendaire tramway n° 1. À bord des vieilles voitures en bois encore en fonction, vous traverserez tout le centre-ville, du Parco Sempione jusqu'à la gare centrale.

UN GRAND WEEK-END DANS LA RÉGION DES LACS

La *dolce vita* à fleur d'eau

Pour vous enivrer de panoramas enchanteurs et goûter à la douceur de vivre et au romantisme à l'italienne, ce parcours du lac de Côme au lac Majeur – réalisable en bus et bateau – vous fera marcher sur les traces des aristocrates des siècles passés.

J1

Commencez votre périple sur les rives du **lac de Côme**. Après vous être émerveillé devant le Duomo de Côme, grimpez dans un bus en direction de Lenno ou de Tremezzo : vous y visiterez la **Villa del Balbianello** ou la **Villa Carlotta**.

Embarquez ensuite sur un *traghetto* pour traverser le lac et vous perdre dans les ruelles de **Bellagio**. Retour en bus à **Côme** pour la soirée et la nuit.

J2

Direction **Stresa**, sur la rive ouest du **lac Majeur**, avec arrêt baignade possible à Meina ou Lesa. Visitez ensuite la **Villa Pallavicino** et son parc animalier.

Dans l'après-midi, un petit tour de bateau vous déposera dans le délicieux cadre de l'**Eremo di Santa Caterina al Sasso**. Vous trouverez de jolies plages dans les environs.

J3

Prenez le bateau pour découvrir les perles du lac Majeur, les **îles Borromées**, avec leurs sublimes villas et leurs jardins paysagés peuplés d'oiseaux exotiques.

Les jardins de la Villa Carlotta

Après une séance de lèche-vitrines dans les rues piétonnes de **Stresa**, profitez une dernière fois de la douceur des lacs en arpentant son *lungolago*.

Escapade romantique

Chanté par les poètes, les écrivains et les musiciens du XIXe s., le lac de Côme est un peu le Graal des âmes romantiques. Ce programme vous en fera apprécier les points forts tout en vous laissant le temps d'en savourer la douceur et le charme.

Bellagio

J1

Mettez-vous à l'heure italienne en flânant dans la **ville haute de Bergame**, entre palais médiévaux et ruelles piétonnes, puis prenez la route de Côme.

Grimpez dans le **funiculaire de Brunate** pour apprécier le panorama sur le lac avant de redescendre arpenter le centre de **Côme** et d'y passer la nuit.

J2

Remontez la rive du lac jusqu'à Ossuccio et sautez dans un bateau pour une exploration de l'**Isola Comacina**, un îlot inhabité ourlé de petites plages tranquilles.

Poursuivez par la visite d'une villa (**Balbianello** ou **Carlotta**), puis offrez-vous une **sortie romantique en canoë** au départ de **Menaggio**, où vous passerez ensuite la soirée et la nuit.

J3

Filez à l'embarcadère de Menaggio pour une traversée jusqu'à la cascade de maisons colorées de **Varenna**, puis poussez la grille de la curieuse **Villa Monastero**.

Reprenez le bateau pour la très chic **Bellagio**, posée en éperon sur le lac, pour une fin d'après-midi nonchalante. Une dernière navigation vous ramènera à votre point de départ.

Les jardins de l'Isola Bella, îles Borromées

Équipée familiale

Vous vous demandez comment concilier l'énergie de vos enfants et vos propres envies d'exploration ? Ce programme, centré sur le lac Majeur, devrait satisfaire toute la famille ! Choisissez de préférence Stresa comme camp de base (ou bien passez la première nuit à Arona, puis les suivantes à Stresa).

J1

Hissez votre tribu au sommet de la **statue de San Carlo Borromeo** pour une première approche du lac Majeur, puis montez dans un *traghetto* pour aller explorer la **Rocca di Angera** et son musée de poupées et jouets anciens.

Finissez la journée par une **baignade au Lido d'Arona** ou une balade pleine d'aventures dans le **Parco dei Lagoni di Mercurago**.

J2

Cap sur **Stresa**, où vous serez à pied d'œuvre pour aller débusquer les animaux du **Parco Pallavicino** et voguer jusqu'aux **îles Borromées**.

Avant le dîner, octroyez-vous une promenade sur le *lungolago* et une séance d'emplettes dans le centre-ville.

J3

Direction le parc d'aventure **Wonderwood** ou, pour les plus téméraires, la **ZipLine del Lago Maggiore**, une tyrolienne géante qui vous garantira des émotions fortes.

Plusieurs options pour l'après-midi : grimpez dans un bateau pour découvrir l'**Eremo di Santa Caterina** ou remontez la rive du lac jusqu'à **Cannobio** pour un plongeon dans l'**Orrido di Sant'Anna**.

Séjour actif

Vous avez de l'énergie à dépenser et des fourmis dans les jambes ? Voici un séjour autour du lac de Garde, qui combine de douces visites et des poussées d'adrénaline ! Pour ne pas perdre de temps en déplacement, posez vos valises à Riva del Garda.

J1

Consacrez la matinée au charmant centre historique de **Riva del Garda** avant de mettre le cap sur une **plage** (spiaggia Sabbioni ou spiaggia dei Pini). Au programme pour le reste de la journée : **baignade**, **paddle** ou **canoë**.

Le soir, rejoignez la piazza III Novembre pour un apéritif sous les belles arcades de ses maisons aux façades pastel.

J2

Sautez du lit sans tarder pour ne rien perdre du bon vent qui souffle sur le lac tôt le matin : c'est votre occasion de tirer des bords en **catamaran**, de fendre l'air sur une **planche à voile** ou de jouer les acrobates en **kitesurf** !

Après le déjeuner, embarquez dans un *traghetto* et partez explorer la **limonaia del Castel** et le joli village de **Limone sul Garda**.

J3

À vous les paysages spectaculaires du **Sentiero Ponale**, qui vous mènera jusqu'au petit lac de Ledro, où vous pourrez déjeuner.

L'après-midi, direction **Malcesine** en bateau pour une ascension du **Monte Baldo** en funiculaire (les vrais durs à cuire peuvent emporter leur VTT).

À la nuit tombée, ne ratez pas la promenade magique sur la passerelle de la **Ciclopista del Garda**, posée directement sur le lac.

La Ciclopista del Garda

VISITER MILAN

Galleria Vittorio Emanuele II

À SAVOIR

Quand venir ?

Le climat de Milan est de type continental modéré : les **hivers** y sont froids et humides, et les **étés** chauds et étouffants. Les meilleures saisons sont donc le **printemps** et l'**automne**.

Si vous craignez la foule et les prix élevés, évitez les périodes des *Fashion Weeks* de mode féminine et du Salone del Mobile. Belles illuminations à l'occasion des fêtes de fin d'année, mais prix en hausse. Au mois d'août, Milan se vide de ses habitants et bon nombre d'enseignes en profitent pour baisser le rideau.

Où loger ?

Le choix est vaste ! Si vous souhaitez ne pas perdre de temps pour visiter le centre historique et faire des emplettes, posez vos valises dans les environs du Duomo ou de la Pinacoteca di Brera. Si vous êtes plutôt du genre fêtard, préférez les Navigli ou l'Isola, mais, si vous privilégiez la sérénité, optez pour la zone du Parco Sempione ou de Sant'Ambrogio. Pour minimiser le budget, tournez-vous vers les quartiers de Porta Romana et de Porta Nuova.

Se déplacer

Nous avons découpé Milan en **10 quartiers.** Ceux du centre-ville sont facilement accessibles à pied, mais il faudra utiliser les transports en commun pour rejoindre les quartiers de Porta Nuova et Isola, ou encore certains sites, comme la Fondazione Prada ou le MUDEC.

Transports en commun

Très bon réseau géré par ATM (www.atm.it). Ticket à 2 € permettant de circuler pendant 90 min. Il existe des billets valables 24h (7 €) ou 3 jours (12 €). Transport gratuit pour les moins de 14 ans. Dans le métro, billet nécessaire pour ressortir.

Pour et depuis les aéroports, voir le carnet pratique p. 207.

Infos touristiques

YesMilano

Via dei Mercanti, 8 (plan H7) • ☎ 02 8515 5931 • www.yesmilano.it • Lun.-ven. 10h15-17h45 ; sam.-dim. 13h30-18h.

InfoMilano

Piazza del Duomo, 14 (plan H7) • ☎ 02 8845 5555 • Lun.-ven. 10h-18h ; sam.-dim. 10h-13h.

Conseils et réservations

Réservations obligatoires

- **pour *La Cène* de Léonard de Vinci** : https://cenacolovinciano.vivaticket.it/ ou ☎ 02 9280 0360

Bons plans

- **Musées gratuits le 1er dim. du mois** (formulaire à remplir sur Internet) : Cenacolo Vinciano et Pinacoteca di Brera.
- **Musées gratuits le 1er dim. du mois et les 1er et 3e mar. du mois à partir de 14h :** Museo del Novecento, Galleria d'Italia, musées du Castello Sforzesco, Museo Archeologico, Acquario Civico, Museo Civico di Storia Naturale.
- **Tourist Museum Card** : pass de 3 jours donnant accès aux musées municipaux (GAM, Museo del Novecento, Museo Archeologico, Museo di Storia Naturale, Castello Sforzesco, Acquario). Tarif 12 € ; à acheter sur https://museicivicimilano.vivaticket.it/ ou à l'InfoMilano. En cas d'exposition temporaire, supplément de 5 €.

(minimum deux mois à l'avance en périodes d'affluence).

- **pour la Pinacoteca di Brera :** https://brerabooking.org/ ou ☏ 02 7210 5141.

Réservation conseillée

pour le **Duomo** et ses terrasses, afin d'éviter les files d'attente : https://ticket.duomomilano.it/

Billets pour la Scala

Les soirs de spectacles, 2h avant le lever de rideau, la billetterie de la via Filodrammatici solde les places encore disponibles.

Point de vue depuis les toits du Duomo

Lire les cartes

Chaque visite est accompagnée d'un plan détaillé sur lequel nous avons placé tous les **points d'intérêt** du quartier. Les **pastilles de couleur** indiquent nos bonnes adresses de restos, de bars et de boutiques. Le numéro de la pastille colorée correspond à celui attribué à chacune des adresses. Reportez-vous au chapitre concerné pour lire la notice de l'établissement.

DU DUOMO À LA SCALA

1

Ponctué d'édifices prestigieux, ce quartier rappelle les plus belles heures de la capitale lombarde. Cœur névralgique de la ville, la vaste esplanade de la piazza del Duomo s'anime sous les pas des touristes subjugués et des Milanais affairés. Trait d'union entre le sacré et le profane, la Galleria Vittorio Emanuele II, sous un toit de stucs et de vitraux, relie la place de la cathédrale à celle de la légendaire Scala.

Les flèches du Duomo et l'entrée de la Galleria Vittorio Emanuele II

1 Duomo✦✦✦

Avec son ornementation à la fois légère et exubérante, le Duomo fait figure d'exception dans le paysage architectural italien. Résultat d'une succession de maîtres d'œuvre, son style unique ne rompt pourtant pas avec la tradition du gothique flamboyant international. Voulue en 1386 par Gian Galeazzo Visconti, seigneur de Milan, la construction se prolongea sur plus de cinq siècles. Si les travaux de l'édifice démarrèrent rapidement, la complexité technique des plans retarda le chantier, qui dura jusqu'au début du XXe s. !

Une extravagance flamboyante

Hérissé de clochetons et de pinacles, animé de plusieurs milliers de statues, l'extérieur du Duomo ne peut laisser indifférent. Cette formidable ornementation se feuillette comme un livre ouvert. Amusez-vous à dénombrer les géants aux formes grotesques ou les figures plus récentes célébrant les sports (1910-1930). Du côté

du chevet, admirez les immenses baies, dont les nervures de marbre s'entrelacent en rosaces. Au coucher du soleil, la façade de la cathédrale se teinte de rose et d'or : c'est la plus belle image que vous aurez du Duomo.

Sous les croisées d'ogives

Le contraste entre l'extérieur et l'intérieur de l'édifice est saisissant : de puissants volumes sculptent l'espace dans leur simplicité. Cinq vaisseaux séparés par 52 piliers d'une hauteur prodigieuse rythment la nef ; le transept, quant à lui, se partage en trois grands vaisseaux. De part et d'autre, de magnifiques vitraux, dont les plus anciens datent des XVe et XVIe s., filtrent la lumière. Parmi les œuvres d'art conservées ici, le **Candelabro Trivulzio,** un magnifique candélabre à sept branches du XIIIe s., chef-d'œuvre d'orfèvrerie. Dans la **crypte,** une urne précieuse conserve les restes de San Carlo Borromeo (saint Charles Borromée), archevêque de Milan, qui, en 1567, gagna le cœur des Milanais en portant assistance aux pestiférés.

Promenade sur les toits

La montée sur les **terrasses** de la cathédrale permet de profiter d'une promenade originale, entouré d'une forêt de statues et de flèches d'une extraordinaire finesse.
La plus élevée d'entre elles, la **Madonnina** (1774), statue dorée de la Vierge, veille sur Milan.

Museo del Duomo

Aménagé à l'intérieur du Palazzo Reale voisin (XVIIIe s.), le musée retrace les différentes phases de la construction du Duomo. De nombreuses œuvres d'art liées à l'histoire de la cathédrale y sont conservées. Parmi les plus belles, on ne manquera pas le **Crucifix d'Aribert** (1040) et la maquette géante en bois du Duomo au 1/20e (XVIe-XIXe s.).

Piazza del Duomo • ✆02 7202 3375 • www.duomomilano.it
Cathédrale : *t.l.j. 9h-19h (dern. accès 1h avant) • Tenue correcte exigée, avec épaules couvertes et vêtement jusqu'aux genoux.*
Crypte de San Carlo : *lun.-ven. 11h-17h30, sam. 11h-17h, dim. 13h30-15h30 (dern. accès 30 min avant).*
Museo del Duomo : *lun.-mar. et jeu.-dim. 10h-18h (dern. accès 50 min avant).*
Terrasses : *t.l.j. 9h-19h (dern. accès 1h avant) • Entrée 5 € (cathédrale + crypte + Museo del Duomo), 10 € (accès terrasses à pied) ou 15 € (accès terrasses par ascenseur).*

2 Palazzo Reale✦

Ancienne résidence ducale, ce palais fut remanié au XVIIIe s. par Giuseppe Piermarini, l'architecte de la Scala, qui lui donna sa belle élégance néoclassique. Parmi les quelques pièces ayant survécu aux bombardements de 1943, on verra surtout la salle des cariatides, ouverte lors des expositions temporaires. L'aile gauche du Palazzo Reale abrite le **Museo del Duomo,** qui rassemble des œuvres de la cathédrale.

Piazza del Duomo, 12 • ✆02 8844 5181 • www.palazzorealemilano.it • Mar.-dim. 10h-19h30 (jeu. jusqu'à 22h30); dern. entrée 1h avant) • Entrée 14 €.

3 Museo del Novecento✦✦

Installé sur la piazza del Duomo dans un édifice rationaliste de 1939 (voir p. 99), ce superbe musée enchantera les amateurs d'art moderne. Sa collection présente les courants avant-gardistes du XXe s., dont les 350 œuvres sont exposées chronologiquement sur trois niveaux, reliés entre eux par une lumineuse rampe hélicoïdale. Arrêt sur image face à l'immense toile pointilliste de Giuseppe Pellizza Da Volpedo, *Il Quarto Stato* (1901), ainsi que dans la loggia du 3e niveau, consacrée à Lucio Fontana, d'où l'on profite d'une vue spectaculaire sur le Duomo.

Palazzo dell'Arengario, via Marconi, 1 • ✆02 8844 4061 ou ✆02 4659 7728 (visites guidées) • www.museodelnovecento.org • Mar.-dim. 10h-19h30 (jeu. jusqu'à 22h30); dern. entrée 1h avant) • Entrée 10 € (gratuit 1er dim. du mois).

Museo del Novecento

4 Santa Maria presso San Satiro✦

Le long de la via Torino, entre deux boutiques, se dissimule l'une des illusions d'optique les plus célèbres de Milan. Ce prodige est l'œuvre de Bramante, auquel Ludovico Sforza avait demandé, en 1482, de restaurer un mausolée du IXe s. L'espace est exigu ? Qu'importe ! Le génial architecte y a créé un stupéfiant trompe-l'œil, sur le modèle du Panthéon de Rome, transformant en profonde abside un espace d'à peine… 97 cm !

Via Torino, 17/19 • Mar.-sam. 9h30-17h30, dim. et j. fériés 14h-17h30 • Accès libre.

Pause panini : Cesarino

Un petit creux ? Mettez le cap sur ce petit bar à paninis situé dans une ruelle animée, à moins de 5 min à pied du Duomo. Une fois sur place, le plus difficile sera de faire votre choix : jambon de Parme-mozzarella, épaule rôtie-aubergines grillées, bresaola-crème d'artichauts, gorgonzola-courgettes… La liste est longue et les sandwichs, à consommer sur place ou à emporter, sont tous préparés à la demande et servis chauds.

1 Plan H7 • *Via Pattari, 2 • Mo Duomo • ✆347 948 7039 • Lun.-dim. 10h-19h • Sandwichs 5-7 €.*

5 Pinacoteca Ambrosiana✦✦

Parfois dédaigné à tort par les visiteurs, ce site réunit l'une des premières bibliothèques d'Italie et une collection de peintures remarquable. Ouverte en 1609, la **Biblioteca Ambrosiana** rassemble 30 000 manuscrits, 750 000 livres imprimés et d'innombrables dessins de la Renaissance et de l'époque baroque.

Parmi eux, le célèbre ***Codex Atlanticus*** (1478-1518), de Léonard de Vinci, constitué de 1 119 feuillets exposés successivement par groupe de 20.

Côté pinacothèque, des œuvres de Botticelli, Raphaël, Titien et du Caravage se disputent les regards surpris et admiratifs des visiteurs.

Piazza Pio XI, 2 • ☎ 02 806921 • www.ambrosiana.eu • Mar.-dim. 10h-18h; fermé 1er janv., dim. de Pâques et 25 déc. • Entrée 15 €.

La main du génie

Le *Codex Atlanticus* constitue le plus important recueil de croquis annotés de Léonard de Vinci. On y retrouve des esquisses de ses plus célèbres inventions, telles que la bicyclette, l'hygromètre, la grande catapulte, la machine volante, le pont démontable, sans oublier des projets architecturaux et d'innombrables dessins sur l'anatomie, l'astronomie, le vol des oiseaux, les mathématiques... Mais pourquoi est-il si difficile de déchiffrer l'écriture du grand maître ? Léonard de Vinci était ambidextre et préférait utiliser sa main gauche. Par commodité, il écrivait de droite à gauche, et il faut donc un miroir pour le déchiffrer !

6 Piazza Mercanti✦

Sur cette place tranquille, à l'écart des grandes artères commerçantes, battait jadis le cœur du Milan médiéval.

Rares témoignages d'urbanisme de cette époque parvenus jusqu'à nous, les édifices qui la bordent ont conservé tout leur cachet : tandis que les magistrats rendaient la justice à l'étage de l'élégant **Palazzo della Ragione** (1233), les étals des marchands s'alignaient sous les arcades.

En face, depuis le balcon de la **Loggia degli Osii** (1316), les représentants de la Ville proclamaient les ordonnances publiques. La **Casa dei Panigarola** (1466), aux belles arcades en brique rouge, conservait quant à elle les actes administratifs de la seigneurie de Milan.

7 Galleria Vittorio Emanuele II✦✦

Émerveillement garanti et pause photo incontournable sous la coupole de la somptueuse galerie qui relie depuis la fin du XIXe s. les places du Duomo et de la Scala.

Galleria Vittorio Emanuele II

Ce prestigieux passage couvert mérite bien son surnom de « plus beau salon de Milan ». Dès son inauguration, il devint la vitrine favorite de la bonne société locale, qui y déambulait à loisir autant pour voir que pour se faire voir. Enseignes luxueuses et raffinées, librairie historique et cafés élégants s'y côtoient toujours.

Vous pourrez également y visiter **l'Osservatorio**, une antenne de la Fondation Prada, où sont organisées des expositions temporaires. Malgré son nom, l'espace ne dispose d'aucune vue sur la galerie.

Entrées piazza del Duomo, piazza della Scala, via Silvio Pellico et via Ugo Foscolo. ***L'Osservatorio*** *: ☎ 02 5666 2611 • www.fondazioneprada.org/visit/milano-osservatorio/ • Lun. et mer.-ven. 14h-20h; sam.-dim. 11h-20h • Entrée 15 €.*

8 Palazzo Marino✦

La démesure de ce gigantesque palais n'a pas d'équivalent à Milan ! Son bâtisseur, un riche banquier génois du XVIe s., entendait éblouir ses compatriotes. Sa mégalomanie ne lui porta pas chance, car il finit ruiné et dut vendre sa demeure avant même de la voir achevée. Devenu siège de la mairie en 1861, l'édifice s'étend autour d'une cour d'honneur dont les décorations exaltent l'héroïsme et le pouvoir de l'amour. Devant sa façade la plus ancienne, côté piazza San Fedele, se dressent une statue d'Alessandro Manzoni et une harmonieuse église baroque.

Piazza della Scala, 2 • Vis. guidée gratuite lun.-ven. 9h30-12h30 et 14h-17h • Résa obligatoire par e-mail à VisitePalazzoMarino@comune.milano.it ou par tél. au ☎ 02 8845 6617 ou au ☎ 02 8845 2654.

Teatro alla Scala

Sous les huées du « poulailler »

À chaque première, les habitués de la Scala (les *loggionisti)* envahissent le « poulailler » *(loggione* en italien). Ils forment le public le plus exigeant qui soit, et il n'est pas rare qu'ils sanctionnent une interprétation jugée médiocre par un tollé plus que désobligeant. Si la tradition des sifflets est indissociable de l'opéra, les *loggionisti* de Milan, très connaisseurs, sont réputés pour leur férocité. En 2006, ils ont poussé le ténor Roberto Alagna à quitter la scène en pleine représentation...

9 Teatro alla Scala✦✦✦

Vous voilà devant l'une des plus célèbres scènes lyriques du monde ! La Scala de Milan est un théâtre mythique, dont la seule évocation fait rêver les mélomanes les plus exigeants. Enrico Caruso, Maria Callas, Luciano Pavarotti, Juan Diego Flórez... tous les plus grands chanteurs lyriques de l'Histoire se sont un jour produits ici, devant un public de people, de têtes couronnées et d'amateurs anonymes.

L'ouverture de la saison, le 7 décembre, reste toujours l'un des principaux événements de la scène culturelle italienne.

Un opéra devenu légende

Lorsqu'en 1776 un terrible incendie réduisit en cendres le théâtre ducal du palais royal, la noblesse milanaise proposa à l'administration autrichienne de financer la construction d'une nouvelle salle. L'archiduchesse Marie-Thérèse d'Autriche promulgua rapidement un décret autorisant l'entreprise, à condition que les plans fussent dessinés par Giuseppe Piermarini, l'architecte de la Cour.

Deux ans après, le théâtre ouvrait ses portes, sans se douter encore qu'il allait, grâce au génie de chefs d'orchestre et de compositeurs tels que Rossini, Verdi, Toscanini, Karajan ou Barenboim, devenir la scène la plus légendaire de l'histoire de la musique lyrique.

Des fastes cachés

La sobre et élégante façade néoclassique du théâtre ne laisse rien présager de la splendeur qui attend le visiteur à l'intérieur. Sa physionomie actuelle correspond à la décoration du XIXe s. qui, après avoir été considérablement endommagée par les bombardements de 1943, fut reconstituée à l'identique.

Quatre étages de loges, à l'origine privées et décorées selon le goût de leurs différents propriétaires, sont surmontés par deux galeries où se situent les places les moins chères. Avec le parterre, initialement réservé aux classes populaires qui s'y tenaient debout, le théâtre peut accueillir 2 800 spectateurs, tandis que la scène reste aujourd'hui encore l'une des plus vastes au monde.

Museo Teatrale✦✦

Le musée du Théâtre offre un voyage passionnant à travers l'univers de la musique classique. Des souvenirs de tous les grands interprètes et compositeurs qui ont fait l'histoire du théâtre y sont exposés. D'ici, on accède à l'une des loges d'où l'on aperçoit la salle des spectacles (hors période de répétition et de représentation).

Piazza della Scala • ✆02 887 91; ✆02 8879 7473 (musée) • www.teatroallascala.org • T.l.j. 9h-18h (dern. entrée 30 min avant); fermé 1er janv., dim. de Pâques, 1er mai, 15 août, 7 déc., 25-26 déc. et 31 déc. apr.-midi • Entrée 9€.

10 Gallerie d'Italia✦

Haut lieu de la scène artistique milanaise, ces deux élégants palais néoclassiques – à l'angle de la piazza Scala et de la via Manzoni – accueillent les collections de deux des plus importantes banques milanaises.

Le parcours artistique traverse les XIXe et XXe s. italiens, avec des œuvres majeures, comme les extraordinaires bas-reliefs de Canova, les toiles futuristes d'exception de Boccioni ou le *Concetto spaziale* de Fontana.

Piazza della Scala, 6 • ✆80 01 67 619 • www.gallerieditalia.com • Mar.-dim. 9h30-19h30 • Entrée 10€.

Restos | Bars | Hôtels | Shopping | Activités

Restos Bistrots

Rinascente

Food market 2 Plan H7

Après avoir flâné dans les innombrables rayons de ce prestigieux grand magasin (voir p. 36), hissez-vous jusqu'au *food market* du 7e étage, où les comptoirs de dégustation rivalisent d'attraits : mozzarella, paninis version *slow food*, sushis, viande rouge… Et pour finir en beauté, allez boire le café ou le digestif sur la terrasse, d'où l'on tutoie les statues du Duomo.

Rinascente

Entrées piazza del Duomo ou via Santa Radegonda, 10 • M° Duomo • 02 885 24 71 • www.rinascente.it • Lun.-sam. 9h-minuit, dim. 10h-minuit.

Giacomo Arengario

Méditerranéen 3 Plan H8

Au 3e étage du Museo del Novecento, ce restaurant au décor Art nouveau offre une vue plongeante sur le Duomo, qui donne le vertige. L'étourdissement est également culinaire, avec une cuisine méditerranéenne contemporaine, où les produits font l'objet d'une attention particulière.

Via Guglielmo Marconi, 1 • M° Duomo • 02 7209 3614 • www.giacomoarengario.com • T.l.j. 12h-minuit • Résa obligatoire • Antipasti à partir de 22 €, primi 24 €, secondi 32 €.

Giacomo Caffè

Bistrot-café 4 Plan H8

À l'écart de la foule de la place du Duomo, dans la cour du Palazzo Reale, un bel endroit pour déguster un cappuccino, prendre un verre ou déjeuner léger. Sur fond d'un décor style café littéraire du XIXe s., de belles vitrines exposent d'alléchantes pâtisseries (brioches).

Palazzo Reale, piazza del Duomo, 12 • M° Duomo • 02 8909 6698 • www.giacomocaffe.com • T.l.j. 8h30-19h30 (22h30 jeu. et sam.) • Salades ou pâtes env. 10 €.

Giacomo Caffè

Artico

Glacier 5 Plan H8

L'une des *gelaterie* les plus renommées de Milan. Elle propose de véritables glaces artisanales, 100 % naturelles, sans colorants ni arômes artificiels, et s'engage à n'utiliser que des produits italiens de première qualité. On y croit volontiers en croquant dans les saveurs marron glacé, crème de citrouille, sabayon ou l'un des nombreux parfums chocolat !

Via Dogana, 1 • M° Duomo • ☎ 02 49 67 01 46 • www.gruppoartico.com • Mar.-dim. 12h-19h (avr.-oct. : jusqu'à 22h) • 2 boules 2,90 € • Autres adresses : via Brera, 29 et via Luigi Porro Lambertenghi, 15.

La Vecchia Latteria

Bistrot végétarien 6 Plan H8

Une ancienne laiterie qui, depuis bien longtemps désormais, a choisi de se transformer en bistrot végétarien. L'endroit, accueillant, a gardé son cadre boutiquier ; sur l'ardoise, les plats suivent les arrivages du marché, comme les aubergines à la *parmigiana* (tomate, mozzarella et parmesan), les tagliatelles à la fleur de courgette et les gnocchis au gorgonzola. La bonne idée : le *misto forno*, un plat au four regroupant toutes les créations du jour !

Via dell'Unione, 6 • M° Duomo • ☎ 02 87 44 01 • Lun.-sam. 12h-16h • De 15 à 25 €.

Princi

Panetteria 7 Plan H8

Le design minimaliste de cet espace tout en longueur, à la lumière douce, fait ressortir les flammes du four du boulanger au fond du magasin, où les sacs de farine composent l'essentiel du décor. Délicieux pour le croissant du matin ou pour une *focaccia* au fromage de retour d'une journée de visite, l'enseigne, bien connue

des Milanais, se prête tout aussi bien à un déjeuner sur le pouce (assiette de rosbif aux petits légumes, salade de riz ou pavé de saumon à l'huile d'olive).

Via Speronari, 6 • M° Duomo • ☏ 02 87 47 97 • www.princi.it • Lun.-ven. 7h-20h, sam. 8h-20h, dim. 9h30-19h30 • Pâtisserie env. 4 €; assiettes déj. env. 15 € • Autre adresse : piazza XXV Aprile, 5.

Ciacco

Glacier 8 Plan H8

Ce glacier artisanal a plus d'un tour dans son sac pour séduire les gourmands. Des saveurs denses et crémeuses, comme le thé vert matcha, la figue et le cheese-cake, une transparence totale au sujet de la provenance des produits, dont l'origine est d'ailleurs affichée, et aucun conservateur ajouté. Les adorateurs de la fève de cacao ne manqueront sous aucun prétexte le chocolat chaud, intense et crémeux à souhait !

Via Spadari, 13 • M° Duomo • ☏ 02 3966 3592 • www.ciaccolab.it • Lun.-ven. 8h-20h, sam. 12h-20h, dim. 14h-20h • Glaces 3-5 €.

La Fettunta

Traditionnel 9 Plan G8

Dans une rue calme, à l'abri de l'agitation commerçante de via Torino, on déguste ici une cuisine traditionnelle, honnête et copieuse. Lombardie et Toscane se disputent les spécialités à la carte, mais le rythme des saisons est toujours religieusement respecté. Risotto, côtelette panée et pizzas sont toujours présents pour les inconditionnels du genre.

Via Santa Marta, 19 • M° Cordusio • ☏ 373 765 1255 • Lun.-sam. 12h30-14h30 et 19h30-23h • De 25 à 45 €.

Trattoria Milanese

Trattoria 10 Plan G8

Une trattoria classique, qui a su conserver intacts le caractère et le style des adresses d'autrefois. On déguste une cuisine maternelle et généreuse, dans les jolies salles habillées de peintures du Milan du début du XXe s. La côtelette et le risotto milanais (goûtez-le dans sa version « sautée » à la poêle) sont sans reproche, mais gardez de la place pour les desserts : du panettone aux pêches rôties, tout est un régal.

Via Santa Marta, 11 • M° Cordusio • ☎ 02 8645 1991 • Lun.-sam. 12h-15h et 19h-22h45 • De 35 à 55 €.

Spazio Niko Romito

Gastronomique 11 Plan H7

Élégant sans être guindé, le petit frère du célèbre restaurant Reale vous donnera l'occasion de goûter à la cuisine d'un chef triplement étoilé sans vous ruiner. Dans l'assiette, la fraîcheur des ingrédients rivalise avec la délicatesse des saveurs : tagliatelle à la menthe et au citron, turbot à la bergamote, chou braisé aux agrumes… Réservez une table dans la dernière salle, pour profiter du tête-à-tête romantique avec les statues du Duomo.

Piazza del Duomo, 1 (4e étage du Mercato del Duomo) • M° Duomo • ☎ 02 87 84 00 • www.spazionikoromito.com • Lun. 19h30-22h30, mar.-sam. 12h30-14h30 et 19h30-22h • Résa obligatoire • Primi *15-20 €,* secondi *20-30 €.*

Pasticceria Marchesi

Café et pâtisserie 12 Plan H7

On connaît l'incontournable maison mère et ses célèbres *panettoni* (voir p. 74). Dans un cadre à l'allure de bonbon anglais, on profitera ici d'une vue plongeante sur la Galleria Vittorio Emanuele II, du petit déjeuner à l'apéritif. Pour une pause gourmande et raffinée.

Galleria Vittorio Emanuele II, corso Vittorio Emanuele II • M° Duomo • ☎ 02 9418 1710 • www.pasticceriamarchesi.com • T.l.j. 7h30-20h • Café de 1 € (au comptoir) à 4 € (en salle).

Luini Panzerotti

Panzerotti 13 Plan H7

Voilà plus de 125 ans que ce « four » est spécialisé dans la vente à emporter de *panzerotti,* des chaussons de pâte frits ou cuits au four et farcis de mozzarella, de tomates, de basilic, parfois d'anchois et d'olives. Réputés pour être les meilleurs de Milan, ils sont cuits à la demande. Pour les becs sucrés, on trouve des versions au chocolat, aux noix, aux châtaignes et aux amandes…

Via Santa Radegonda, 16 • M° Duomo • ☎ 02 8646 1917 • www.luini.it • Lun.-sam. 10h-20h • Panzerotto *3 €.*

Antica pizza fritta da Zia Esterina Sorbillo

Pizza à emporter 14 Plan H7

Chez les Sorbillo, une famille napolitaine réputée, on est pizzaiolo de père en fils, et même en fille ! Dans cette petite boutique milanaise spécialisée dans la vente à emporter, la recette à l'honneur est celle de la *pizza fritta* de tante Esterina, un délicieux chausson frit sous vos yeux et farci avec les ingrédients de votre choix. À l'heure du déjeuner, l'échoppe se repère à la queue des clients qui patientent sur le trottoir.

Via Agnello, 19 • M° Duomo • ☎ 02 4549 1628 • www.sorbillo.it • Lun.-dim. 11h-21h, jusqu'à 22h le sam. • Pizza fritta *env. 4 €.*

That's Vapore

Cuisine saine 15 Plan H7

Voici une adresse originale pour déjeuner sur le pouce. La cuisson vapeur, qui rime ici avec saveur, séduira les plus récalcitrants. Deux possibilités : opter pour les recettes du chef (raviolis de poulet sauce piquante, couscous aux crevettes, riz au saumon et à l'avocat…) ou composer son propre menu à partir d'une longue et appétissante liste d'ingrédients. La maison propose aussi des *bowls* à élaborer soi-même.

Piazza Filippo Meda, 1 • M° San Babila • ☎ 02 4962 2356 • www.thatsvapore.com • Lun.-ven. 8h-22h, sam.-dim. 12h-22h • Panier vapeur 11-14 €.

Bars, clubs Sorties

Nepentha Club

Club 1 Plan H8

Ouvert en 1969, le Nepentha a fait danser pendant plus de 40 ans plusieurs générations de Milanais. Le cadre rénové n'a pas beaucoup changé : un salon un peu *old style* et la piste de dance entourée par quelques tables. Tous les soirs du mercredi au samedi, on y dîne avant de danser sur un air de musique plutôt commerciale. Sélection stricte à l'entrée.

Piazza Diaz, 1 • M° Duomo • ☎ 02 804 837 • www.nepenthaclub.com • Ven.-sam. 21h-5h • Entrée libre, mais sélection stricte.

Terrazza Aperol

Straf Bar

Aperitivo 2 Plan H7

À l'ombre du Duomo, le bar de l'hôtel Straf, vitrine sur rue de l'hôtel design du même nom, rassemble chaque soir à l'heure de l'apéro un public jeune et cool qui apprécie son ambiance jazzy. L'été, la foule est telle qu'elle déborde volontiers sur le trottoir ; l'hiver, en revanche, on se rassemble dans les salons à la déco qui marie vintage et récup' industrielle. Une bonne adresse également pour déjeuner.

Via San Raffaele, 3 • M° Duomo • ☎ 02 8050 8715 • www.straf.it • T.l.j. 11h-1h.

Terrazza Aperol

Aperitivo 3 Plan H7

Un emplacement idéal pour une pause en fin de journée à l'heure de l'*aperitivo*. On s'y presse pour une place en terrasse, qui offre une vue magique sur le Duomo illuminé de nuit. Large choix de cocktails : à tester, l'incontournable Aperol spritz !

Piazza del Duomo, 1 (2e étage du Mercato del Duomo) • M° Duomo • ☎ 335 735 6773 • www.ilmercatodelduomo.it/terrazza-aperol/ • Lun.-dim. 11h-23h (sam. jusqu'à 1h) • Cocktail 14 €, aperitivo *(18h) 18 €.*

Camparino in Galleria

Aperitivo

4 Plan H7

Berceau de la tradition de l'*aperitivo*, ce bar Liberty ouvert en 1915 par Davide Campari est encore l'un des rendez-vous des artistes et intellectuels milanais. Pour vivre une expérience 100 % locale, laissez la terrasse aux touristes et mêlez-vous aux Milanais qui sirotent leur Campari debout au comptoir, comme il se doit.

Galleria Vittorio Emanuele II • ☎ 02 8646 4435 • www.campari.com/fr-fr/camparino/ • Lun.-sam. 9h30-minuit, dim. 9h30-22h • Cocktail à partir de 12 €.

B Cafè

Aperitivo

5 Plan G8

Murs apparents, comptoir rétro, grandes tablées à partager et fauteuils club : voici une adresse jeune et hipster dans un quartier où elles se font rares. Du petit déjeuner au verre en soirée, on apprécie le café avec les journaux du jour, les paninis du midi et l'*aperitivo*. Live Jazz tous les vendredis à partir de 19h.

Via San Maurilio, 20 • ☎ 02 8909 3317 • Lun.-jeu. 8h-1h, ven. 8h-2h, sam. 10h-2h • Cocktail à partir de 10 €.

Camparino in Galleria

Hôtels B&B

Hotel Straf

Glamour Plan H7

Des matériaux bruts – ciment, fer, ardoise, verre – sont utilisés dans les 64 chambres de cet hôtel aux lignes épurées. Un confort et un service à toute épreuve, qui en font un des hôtels les plus courus de la ville. Bar animé le soir dès l'heure de l'*aperitivo*.

Via San Raffaele, 3 • M° Duomo • 02 805 081 • www.straf.it • De 200 à 400 €.

Shopping Cadeaux

Rinascente

Grand magasin 1 Plan H7

C'est le plus ancien grand magasin d'Italie, ouvert en 1865 sur le modèle des Galeries Lafayette de Paris. L'enseigne reste toujours une référence pour le shopping : sur ses 10 étages, on retrouve tous les grands noms de la mode, d'Armani à Lacoste, sans oublier de la lingerie, des produits de beauté et de la déco. Cerise sur le gâteau, le niveau -1 est entièrement dédié au design, avec une sélection d'articles à prix abordables. Ne partez pas sans avoir arpenté le *food market* (voir p. 30) ni pris un verre au café du dernier étage, d'où vous regarderez droit dans les yeux les gargouilles du Duomo.

Piazza del Duomo • M° Duomo • 02 9138 7388 • www.rinascente.it • Mer.-sam. 10h-22h, dim.-mar. 10h-21h.

Peck

Épicerie fine 2 Plan H8

Difficile de ressortir les mains vides du temple de la gastronomie milanaise. À l'ombre du Duomo, ce Fauchon local affiche ses produits dans une grande boutique aux reflets dorés : huiles prisées, conserves rares, fromages et épicerie fine mettent l'eau à la bouche. De quoi ramener un souvenir gourmet dans votre valise.

Via Spadari, 9 • 02 802 31 61 • www.peck.it • Lun. 15h-19h30, mar.-sam. 9h-19h30 ; fermé dim. en juil.-août et sem. du 15 août.

Orienthera

Mode et déco 3 Plan G8

Le long d'une jolie rue élégante et discrète, une boutique intime et colorée où de ravissantes idées cadeaux arrivent directement d'Orient. De la mode à l'art de vivre en passant par les bijoux, les étoles ou la décoration, voici un vrai petit écrin de merveilles.

Via Santa Marta, 8/10 • M° Cordusio • 02 8901 3087 • Mar.-sam. 10h-13h et 15h-19h.

Carla Saibene

Mode femme 4 Plan G8

Voilà probablement la boutique la plus originale de toute la ville. Cadre intime et glamour,

Borsalino

style bohème-chic, vêtements ultra-féminins tout en étant décontractés, tissus de qualité, imprimés raffinés… : une adresse entre le concept store et l'atelier, où la plupart des vêtements et accessoires sont des pièces uniques. Mention spéciale pour les pantalons fluides et seyants qui s'adaptent à toutes les morphologies.

Via San Maurilio, 20 • M° Missori • ☏02 87 40 08 • www.carlasaibene.it • Lun. 15h30-19h30, mar.-sam. 10h30-14h et 15h-19h30 • Pantalons 210-242€.

Bialetti

Cafetière Moka 5 Plan H7

Le succès de la Moka, la célèbre cafetière italienne, ne s'est jamais démenti, et le modèle inventé en 1933 reste un must du design et de l'art de vivre italiens. La gamme s'est élargie avec des formes et des couleurs variées. En prime, pourquoi ne pas s'offrir un set de tasses ornées du logo de Bialetti, un petit homme à moustache qui ne serait autre que Renato, le fils du fondateur de la marque, quelque peu caricaturé.

Piazza del Duomo, 17 (angle via dei Mercanti) • ☏02 4948 4006 • www.bialetti.com • T.l.j. 10h-20h • De 18€ pour les petites Mokina à 150€ pour les percolateurs • **Autre adresse :** *corso Buenos Aires, 9.*

Borsalino

Chapeaux 6 Plan H7

La mythique enseigne de chapeaux ne pouvait pas ne pas avoir sa boutique à Milan. Pour les inconditionnels du genre, qui rêvent d'un chapeau à la Belmondo ou à la Humphrey Bogart.

Galleria Vittorio Emanuele II, 92 • M° Duomo• ☏02 8901 5436 • www.borsalino.it • Lun.-ven. 10h15-14h15 et 15h-19h, sam.-dim. 10h-14h et 15h-19h.

Prada

Grand créateur 7 Plan H7

Depuis son ouverture en 1913, cette boutique légendaire a su conserver une certaine allure sans tomber dans le « tout commercial ». L'incroyable collection de cannes anciennes fait face à l'entrée, au rez-de-chaussée, où se trouve aussi la maroquinerie, tandis que la mode se dévoile au sous-sol. Le luxe à la milanaise dans toute sa discrétion…

Galleria Vittorio Emanuele II, 62 • M° Duomo • ☎ 02 8721 1450 • www.prada.com • Lun.-sam. 10h-20h30, dim. 10h30-20h.

Piumelli Guanti

Gants

8 Plan H7

Pour toujours être « bien ganté », de superbes gants en cuir véritable italien, de toutes les couleurs, pour toutes les saisons, classiques ou en modèles plus originaux. Une adresse incontournable depuis 1958.

Galleria Vittorio Emanuele II • M° Duomo • ☎ 02 869 23 18 • www.piumelli.com • T.l.j. 10h-19h30.

Libreria Rizzoli

Librairie

9 Plan H7

Ouverte en 1949, la librairie, qui s'est récemment refait une beauté, détient sur trois étages plus de 40 000 volumes. Vous y trouverez tout un ensemble de guides et de beaux livres sur Milan et sa région, ainsi que la presse nationale et internationale.

Galleria Vittorio Emanuele II, 11/12 • M° Duomo • ☎ 02 8646 1071 • www.libreriarizzoli.it • T.l.j. 10h-20h.

Scala Shop

Musique

10 Plan H7

La boutique du légendaire théâtre milanais est un lieu extraordinaire : Butterfly, Paganini, Barenboim et Karajan se croisent dans cette caverne d'Ali Baba qui propose CD, DVD, biographies de compositeurs et d'interprètes, affiches de spectacles, produits dérivés et tout ce qui tourne autour de l'univers de la musique classique.

Largo Antonio Ghiringhelli, 1 (piazza della Scala) • M° Duomo ou M° Montenapoleone • ☎ 02 4548 3257 • www.lascalashop.it • Lun.-sam. 12h-18h et les soirs de spectacles jusqu'au dern. entracte.

Porselli

Ballerines

11 Plan H7

Fondée en 1919, cette boutique discrète qui jouxte le Teatro alla Scala n'est rien de moins que le fournisseur officiel de chaussons de danse du corps de ballet du célèbre opéra. Ce Repetto italien produit également de ravissantes ballerines tout en finesse et élégance. Commandes sur mesure possibles.

Piazza Paolo Ferrari, 6 • ☎ 02 805 37 59 • www.porselli.it • Lun. 15h-19h30, mar.-sam. 9h-12h30 et 15h-19h30.

Scala Shop

NOS BARS PRÉFÉRÉS POUR L'*APERITIVO*

À Milan, terminer sa journée (ou débuter sa soirée, selon les points de vue) est tout un art. Il ne s'agit pas juste de « boire un verre », mais de savourer un instant de plaisir avec style. Et les adresses rivalisent de créativité pour séduire les clients ! À vous le choix de l'ambiance glamour, cosy, branchée ou informelle.

Terrazza Aperol

Pour sa vue incomparable sur le Duomo et son atmosphère nonchalamment *so chic* !

Quartier 1, p. 34.

Camparino in Galleria

L'adresse iconique au beau décor Liberty, où le rituel de l'*aperitivo* a fait ses débuts à Milan.

Quartier 1, p. 35.

B Cafè

On l'aime pour son ambiance jeune, ses cocktails recherchés et ses tartines aux mille saveurs.

Quartier 1, p. 35.

Fioraio Bianchi Caffè

Romantique à souhait, l'*aperitivo* vous laissera un souvenir impérissable.

Quartier 3, p. 61.

Dry

Un mariage réussi entre cocktails et pizzas, qui séduit toutes les générations.

Quartier 3, p. 62.

Camparino in Galleria

Frida Bar

Une oasis de verdure insoupçonnable depuis la rue, où l'ambiance est toujours au rendez-vous.

Quartier 9, p. 126.

Cantine Isola

Le paradis des amateurs de vin, qui s'y retrouvent au comptoir ou en terrasse pour un apéritif à la bonne franquette.

Quartier 9, p. 131.

LES VISCONTI ET LES SFORZA

Deux puissantes familles, les Visconti et les Sforza, ont successivement régné sur la Lombardie à partir du Moyen Âge. Pour afficher leur grandeur et asseoir leur pouvoir, elles firent appel aux meilleurs artistes de l'époque, contribuant ainsi à embellir la région et à la doter d'un formidable patrimoine artistique et architectural.

Les Visconti, initiateurs du gothique

Ce n'est qu'après 1322, date de l'arrivée au pouvoir de la famille **Visconti**, que Milan abandonna progressivement les formes sobres et les structures massives de l'art roman pour adopter celles du gothique. Désireux de doter la région d'un solide système défensif, les seigneurs Visconti lancèrent un vaste programme de construction de châteaux qui, derrière des allures de forteresses, cachaient des demeures de plus en plus raffinées.

Parmi les artistes célèbres conviés à la cour de Milan pour décorer résidences et églises, on peut citer le grand **Giotto** (1266-1337), dont les fresques ont malheureusement disparu, ou encore le sculpteur pisan **Giovanni di Balduccio**, auquel on doit la superbe Arca di San Pietro Martire (1335-1339) de la basilique Sant'Eustorgio (voir p. 101).

De cette époque date le début de la construction du **Duomo** de Milan (voir p. 22), exemple majeur du style gothique flamboyant de la péninsule.

La Renaissance milanaise

« La beauté à tout prix » : telle pourrait être la devise de l'école de peinture milanaise de la Renaissance, qui se caractérise par sa délicatesse et son sens aigu de l'espace. Son fondateur et chef de file, **Vincenzo Foppa** (1427-1515), a laissé aux murs de la Cappella Portinari (voir p. 101) un cycle de fresques d'une grande vivacité. Deuxième figure importante : **Ambrogio Bergognone**, dont la rigueur un peu figée de ses compositions est atténuée par son extrême sensibilité et sa capacité à représenter les variations de la lumière.
Par la suite, **Léonard de Vinci** influença durablement la peinture lombarde, et notamment deux de ses peintres : **Giovanni Antonio Boltraffio** et **Bernardino Luini**, dont un cycle de fresques époustouflant décore les murs de l'église de San Maurizio al Monastero Maggiore (voir p. 71).

La splendeur des Sforza

La figure la plus marquante de la dynastie des Sforza, qui succéda aux Visconti, est celle de **Ludovic le More** (1452-1508), dont le mécénat éclairé permit l'introduction de la Renaissance en Lombardie. Très soucieux du rayonnement intellectuel de son duché, il attira certains des plus grands artistes de l'époque. Parmi eux, le Florentin **Filarete** (1400-1469), qui, dans son célèbre *Traité d'architecture,* imagine une cité idéale baptisée « Sforzinda », en l'honneur de son protecteur. À Milan, il dessine les plans de l'ancien hôpital **(Ca' Granda**, voir p. 136), ceux de la tour à l'entrée du Castello Sforzesco, et travaille au chantier du Duomo.

Mais c'est à **Bramante** (1444-1514), auquel Ludovic le More confie ses premières commandes d'architecte, que l'on doit les plus belles réalisations de la Renaissance lombarde : la sublime tribune et la sacristie de l'église **Santa Maria delle Grazie** (voir p. 66), le cloître de **Sant'Ambrogio** (voir p. 69) et l'incroyable perspective en trompe-l'œil de l'église **Santa Maria presso San Satiro** (voir p. 25).

Léonard de Vinci à la cour des Sforza

En 1481, Léonard de Vinci s'installe à la cour des Sforza à Milan, où il travaillera pendant plus de 18 ans sous la protection de Ludovic le More. Le duc fera appel à lui pour toutes sortes de commandes, qui ne satisferont jamais assez la nature exigeante du grand génie. Du système des canaux des Navigli aux divertissements de cour, en passant par la peinture et la sculpture, Léonard multipliera ses interventions au service des ducs. Peintre, ingénieur, architecte, musicien, philosophe, intéressé par tous les domaines de l'art et de la science, Léonard incarne à la perfection l'universalité de l'homme de la Renaissance. ■

Fresque de Bernardino Luini dans l'église de San Maurizio

LE QUADRILATERO DELLA MODA

2

Grosses cylindrées rutilantes, dandys au cachet sophistiqué faussement négligé et élégantes juchées sur des talons griffés sont ici monnaie courante. Au fil des rues qui constituent le quartier le plus chic et le plus glamour de Milan, hôtels particuliers transformés en maisons-musées et vitrines au luxe raffiné se succèdent dans un stupéfiant tourbillon d'opulence.

Boutique de mode de la via Monte Napoleone

1 Casa degli Omenoni✦

Voilà une maison peu banale ! Vous la repérerez de loin aux huit colosses de pierre accrochés à sa façade. Ces télamons, version masculine des cariatides, datent de la construction de l'édifice, au XVIe s. Têtes penchées dans une attitude de soumission, ils représentent des tribus barbares assujetties par les Romains. Sous la corniche, un relief figure la Calomnie dévorée par les lions.

Via Omenoni, 3 • F. au public.

2 Casa del Manzoni✦

Les âmes romantiques férues de littérature s'offriront une séquence émotion dans cette maison où vécut le poète et dramaturge Alessandro Manzoni (1785-1873) à partir de 1814. Manuscrits et objets personnels ponctuent la visite, qui comprend le bureau de l'écrivain et la chambre à coucher où il s'éteignit. Remarquez, de l'autre côté de la place, le **Palazzo Belgioioso**, l'un des plus beaux exemples d'architecture néoclassique lombarde, édifié en 1772 par G. Piermarini.

Via Morone, 1 • 02 8646 0403 • www.casadelmanzoni.it • Mar.-ven. 10h-14h, jeu. 14h-18h, sam. 12h-18h • Entrée 8 €.

3 Museo Poldi Pezzoli**

Prêt pour un voyage artistique à travers les siècles et les styles ? Cette élégante demeure du XVIIe s., entièrement repensée au XIXe s. par son propriétaire Giacomo Poldi Pezzoli, conserve une étonnante collection de chefs-d'œuvre de la Renaissance, exposée et mise en scène dans différentes esthétiques du passé (décoration et aménagement intérieur de style néogothique, mauresque, préraphaélite...).

Parmi les œuvres majeures, on retrouve le *Portrait de jeune femme* de Piero Pollaiuolo (1470), d'une extraordinaire délicatesse, la dramatique *Lamentation sur le Christ mort* de Botticelli (1495) ou encore *La Vierge à l'Enfant* (1490) de Mantegna. Impressionnante, l'armurerie regorge d'armes anciennes (armures damasquinées, épées, casques gravés, armes à feu...).

Museo Poldi Pezzoli

Via Manzoni, 12 • 02 79 48 89 • www.museopoldipezzoli.it • Mer.-lun. 10h-13h et 14h-18h; fermé j. fériés • Entrée 14 €.

Pause gourmande : Café pasticceria Cova

Un petit air viennois flâne dans ce café, dont la réputation n'a pas fléchi depuis 1817. Au cœur de la rue la plus huppée de Milan, ses vitrines dorées ne cessent d'enchanter les passants, son petit noir servi dans de fines porcelaines est parfait, ses pâtisseries délicates et, à Noël, son *panettone* est parmi les meilleurs de la ville. Malgré la foule qui se presse au comptoir, on y fera volontiers une pause pour remonter le temps.

16 Plan I7 • *Via Monte Napoleone, 8 • 02 7600 5599 • www.covamilano.com • Lun.-sam. 8h30-20h, dim. 9h30-19h30 • Café 5 €, thé 7 €.*

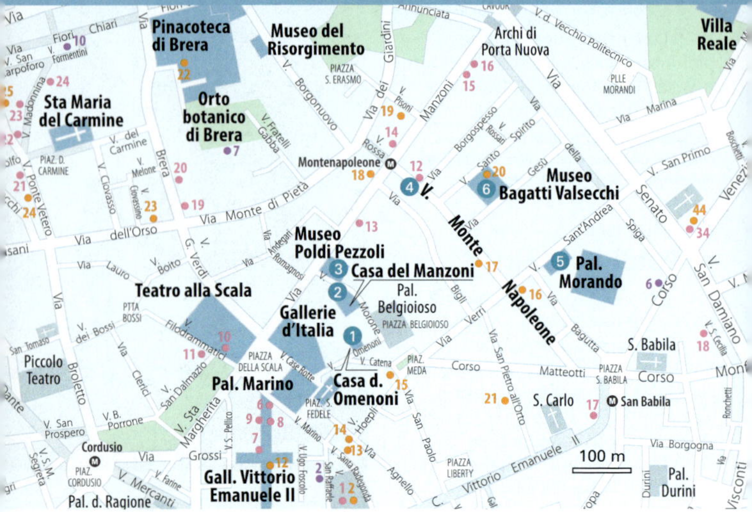

Museo Bagatti Valsecchi

❹ Via Monte Napoleone✦

À vous le glamour et la mode ! Dans cette rue du top 10 mondial des artères commerçantes les plus chères, le luxe s'étale avec une désinvolture déconcertante : Bulgari, Ferragamo, Fendi, Gucci, Valentino… autant de noms à faire pâlir d'envie les *fashionistas*. Et dire que cette artère prestigieuse, qui produit aujourd'hui à elle seule 12 % du PIB milanais, était au XVIIIe s. un fourre-tout de couvents !

❺ Palazzo Morando✦

Véritables fenêtres sur le Milan aristocratique, les salles de ce musée, installées dans un palais nobiliaire du XVIe s. retracent l'évolution urbaine et sociale de la ville du XVIIe au XIXe s. Elles regorgent de sculptures, peintures, gravures et objets décoratifs. La visite s'achève sur une collection de costumes, uniformes et accessoires illustrant les différents âges de la mode milanaise.

Via Sant'Andrea, 6 • ☏ 02 8844 6056 ou ☏ 02 8846 5735 • www.costumemodaimmagine.mi.it • Mar.-dim. 10h-17h30 • Entrée libre.

6 Museo Bagatti Valsecchi✦✦

Amoureux de la Renaissance, les deux frères Fausto et Giuseppe Bagatti Valsecchi firent le pari fou de concevoir leur maison à l'image d'une demeure du XVe s. Entre 1876 et 1887, ils la remplirent de meubles rares, de tapisseries flamandes, de tableaux anciens (*Sainte Justine de Padoue* de Bellini, 1470) et d'objets précieux, comme cela se faisait 400 ans auparavant.

Via Gesù, 5 • ☏ 02 7600 6132 • www.museobagattivalsecchi.org • Mar.-ven. 13h-17h45, sam.-dim. 10h-17h45 • Entrée 12 €.

À l'ancienne... ou presque

La passion des deux frères Bagatti Valsecchi pour la Renaissance ne les empêchait pas pour autant d'apprécier le confort moderne. Ils firent donc quelques entorses à l'authenticité : ils mirent au point un système de chauffage central entièrement camouflé, installèrent l'électricité et le téléphone, et dotèrent les lavabos de l'eau courante, bien qu'étant apparemment dépourvus de tuyauterie.

Restos | Bars | Hôtels | Shopping | Activités

Restos Bistrots

Bacaro Montenapoleone

Gastronomique 17 Plan I7

Nappes blanches, plantes grimpantes et dalles de pierre forment le décor de ce restaurant réputé, dont les tables colonisent une jolie cour en retrait de la rue Monte Napoleone. Dans l'assiette, on retrouve tout le soleil de l'Italie : salade tiède de crevettes à l'épeautre ; *tagliolini* frais au citron et baies de poivre rose ; *cotoletta alla milanese* à l'os... Un festival de saveurs classiques, saupoudrées de la juste touche de créativité.

Via Monte Napoleone, 13 • ☏ 02 7600 5974 • Lun. 12h30-15h, mar.-sam. 12h30-15h et 19h30-22h30 • **Primi** ***10-20 €;*** **secondi** ***22-35 €.***

La cour du Museo Bagatti Valsecchi

Don Carlos

Gastronomique

18 Plan H6

Dans un cadre raffiné, à quelques pas de la Scala, ce restaurant intime compte parmi les grands classiques des tables milanaises. Au mur, des peintures et des estampes rappellent la tradition lyrique du théâtre, tandis que l'assiette offre des mariages de saveurs inventifs : *tagliolini* à l'encre de seiche et aux pistaches ; filet de turbot grillé à la chicorée et aux anchois ; carré d'agneau pané aux herbes...

Via Manzoni, 29 • M° Montenapoleone • ☎ 02 7231 4640 • www.ristorantedoncarlos.it • T.l.j. 19h30-23h et après les spectacles à la Scala • Menus dégustation 75-140 €, à la carte de 75 à 117 €.

Armani Nobu

Japonais

19 Plan H6

Pour une immersion dans l'univers de la jet-set milanaise, offrez-vous une soirée dans le restaurant japonais du chef Nobuyuki Matsuhisa. Plutôt que les classiques sushis et sashimis, on vous conseille de tenter la salade d'artichauts à l'huile de truffe, les *tempuras* de gambas sauce piquante ou les tartares de loup ou de saumon au caviar.

Via Gastone Pisoni, 1 (1er étage du complexe Armani) • M° Montenapoleone • ☎ 02 6231 2645 • www.noburestaurants.com • Lun.-sam. 12h30-15h et 19h-23h, dim. 19h-23h (fermé août et sept.) • Menus dégustation 70-140 € ; plats 25-50 €.

Il Salumaio di Montenapoleone

Gastronomique 20 Plan I6

Ce charcutier huppé a pris ses quartiers dans la cour du musée Bagatti Valsecchi, et les anciennes écuries de cette demeure historique abritent aujourd'hui un traiteur, une cafétéria et une terrasse d'où épier, d'un regard discret, élégantes et businessmans en pause déjeuner. Au menu, on se régale des grands classiques de la cuisine milanaise et méditerranéenne, magnifiquement retravaillés.

Museo Bagatti Valsecchi, via Santo Spirito, 10 • M° Montenapoleone • ☎ 02 7600 1123 • www.ilsalumaiodimontenapoleone.it • Lun.-sam. 9h-22h30 • Repas 40-70 €.

Salsamenteria di Parma

Traditionnel 21 Plan I7

Amateurs de charcuterie et de fromage, réjouissez-vous ! Vous trouverez ici le meilleur de la tradition émilienne : parmesan, jambon de Parme, saucisson Felino, coppa… Goûtez absolument au *culatello*, partie la plus noble de l'animal. Pour poursuivre, offrez-vous une dégustation de *tortelli d'erbetta* ou de *zucca* (gros raviolis aux blettes ou au potiron).

Via San Pietro all'Orto, 9 • M° San Babila • ☎ 02 7628 1350 • www.salsamenteria diparma.com • Lun.-dim. 12h-23h • Planches de charcuterie 11-34 €, primi 10-13 €, secondi 11-19 € • Autre adresse : via Ponte Vetero, 11.

Bars, clubs Sorties

Bistrot & Bar Martini

Bar à cocktails 6 Plan I7

Résultat du mariage entre les rois de la mode Dolce & Gabbana et le roi des cocktails Martini, cette adresse a forcément du glamour. La cour d'un *palazzo* ancien sert de cadre, été comme hiver, à une salle à manger improvisée sur canapés cossus et tables basses. Parfait pour l'*aperitivo*, avec ses cocktails à base de Martini évidemment, un accueil pro mais aussi une restauration exquise alliant fraîcheur des ingrédients à une recherche culinaire digne d'une grande adresse, ce qui justifie des prix élevés (pâtes fraîches, salade de bolets aux écailles de parmesan et céleri croquant, salade César ou club-sandwich).

Corso Venezia, 15 • M° San Babila • ☎ 02 7601 1154 • www.dolcegabbana.it/ martini • T.l.j. 12h-23h • Cocktails 12-14 €.

Shopping Cadeaux

Vetrerie di Empoli

Verrerie 12 Plan H6

Ce fabricant de verre artisanal est bien connu à Milan depuis sa création en 1936. Sa boutique est aujourd'hui installée en plein

Quadrilatero della Moda et sa vitrine rayonne de mille feux colorés qui attirent le regard. Du simple verre à eau teinté à la sublime coupe en cristal ciselé et dorée à l'or fin, les innombrables modèles exposés ici égaieront vos tables d'une note de couleur raffinée.

Via Monte Napoleone, 22* • *M° Montenapoleone* • *02 7600 8791* • *www.vetreriediempoli.it* • *Lun. 15h-19h, mar.-sam. 10h-19h* • *Verre à eau à partir de 15 €, coupe en cristal ciselé à partir de 60 €.

Alessi

Objets design

13 Plan H6

La célèbre marque italienne d'accessoires de cuisine au design ludique s'expose via Manzoni sur 170 m². Entre le musée et la boutique, toutes

Alessi

les pièces iconiques qui ont fait sa renommée sont là, du tire-bouchon à la silhouette de femme au porte-cacahuète cactus, ainsi que les dernières collections.

Via Manzoni, 14-16* • *M° Montenapoleone* • *02 79 57 26* • *www.alessi.com* • *Lun.-mar. 10h-19h, mer.-dim. 10h-21h.

Armani Store

Concept store

14 Plan H6

Le concept store de King Giorgio rassemble sur 8 000 m² ses collections haute couture, celles de prêt-à-porter, de la décoration d'intérieur, un fleuriste, un chocolatier, une librairie, un espace beauté, un restaurant, un café, une boîte de nuit et même, depuis peu, un hôtel ! Bienvenue au royaume Armani, où, en période de soldes, les bonnes affaires peuvent être au rendez-vous.

Via Alessandro Manzoni, 31* • *M° Montenapoelone* • *02 6231 2600* • *www.armani.com/fr* • *Dim.-mar. 10h-19h30, mer.-sam. 10h-20h.

Dmag Outlet

Mode mixte

15 Plan I6

Le temple incontesté des *fashion victims* à la bourse moyennement rebondie qui s'y précipitent à tout bout de champ pour dégoter une petite robe Prada, une jupe Versace ou Gucci, une veste Armani, des chaussures Ferragamo… 50 %, 70 %, voire 90 % moins chers !

Via Manzoni, 44* • *02 3651 4365* • *www.dmagazine.it* • *T.l.j. 10h-19h30.* Autres adresses :** ***via Forcella, 13 et via Bigli, 4.

Boggi

De Wan

Accessoires mode

16 Plan I6

De Wan est une marque turinoise d'accessoires de luxe glamour très réputée. En plein cœur du Quadrilatero della Moda, sa boutique propose une large gamme de prix, qui permet à tout un chacun de trouver son bonheur. Bijoux fantaisie et sacs bon marché côtoient ainsi des modèles dont l'étiquette atteint facilement les trois zéros.

Via Manzoni, 44 • M° Montenapoleone • ☎ 02 7600 3018 • www.dewanmilano.it • T.l.j. 10h-19h • Bijoux fantaisie à partir de 55 €, sacs à partir de 75 €.

Boggi

Mode homme

17 Plan I7

Cette maison milanaise fondée en 1939 reste fidèle à sa tradition de sobriété et d'élégance. Il n'y a rien de farfelu ici, seulement des vêtements aux coupes classiques pour tous ceux qui désirent soigner leur apparence sans en faire trop.

Piazza San Babila, 3 • M° San Babila • ☎ 02 7600 0366 • www.boggi.com • Lun.-sam. 10h-20h, dim. 10h30-20h • Pantalons à partir de 118 €, chemises 68-140 €.

De Padova

Mobilier design

18 Plan I7

Dans cette enseigne iconique du design milanais, architecture, design et décoration d'intérieur se rencontrent dans un style unique et indémodable. Sur deux niveaux, plus de 1 100 m^2 de solutions habitables réalisées dans de superbes mises en scène ; un détour par ici mérite certainement d'être fait, rien que pour observer.

Via Santa Cecilia, 7 • ☎ 02 77 72 01 • www.depadova.com • Lun. 10h-18h, mar.-ven. 10h30-19h, sam. 11h-19h.

MILAN, CAPITALE DE LA MODE

Sacrée capitale de la mode aux côtés de Paris, Londres et New York, Milan dicte les tendances non seulement à l'Italie, mais aussi à une grande partie de la planète. Des griffes les plus luxueuses aux stylistes émergents, la ville regorge de boutiques réputées dans le monde entier et d'adresses alternatives irrésistibles.

Glamour à l'italienne

Ce n'est qu'au lendemain de la Seconde Guerre mondiale que le monde découvre l'élégance et le raffinement « à l'italienne ». Le tout premier défilé de mode 100 % créations italiennes a lieu en 1951 à Florence, et les actrices américaines tombent sous le charme de la sensualité du *made in Italy*. Baptisé « le couturier des divas », **Emilio Schuberth** devient la coqueluche d'Hollywood.

D'abord installées à Rome, les maisons de haute couture ne résistent pas au tournant du prêt-à-porter et mettent presque toutes la clé sous la porte à la fin des années 1960. Milan, métropole plus riche et plus industrielle, prend alors le relais. L'essor de la bourgeoisie offre aux ateliers de couture, familiaux pour la plupart, des débouchés quasi inépuisables, et tous les créateurs italiens convergent alors vers la ville.

Les dieux des podiums

Célèbre pour ses motifs géométriques et ses bandes en zigzag, la maison **Missoni** habille célébrités et têtes couronnées, de Jackie Kennedy à Kate Middleton.

Le chic à la milanaise

Bien au-delà de l'attention accordée à l'image, être chic s'apparente pour les Italiens à une véritable philosophie de vie. Savant dosage de distinction, de bienséance et de naturel, il s'agit d'une attitude qui vise à se montrer sous son meilleur jour. Il suffit d'une promenade dans le centre-ville pour comprendre toute l'importance que les Milanais accordent à leur apparence. Ce qui frappe, c'est le naturel avec lequel ils endossent leurs tenues griffées. Ce chic qui se veut informel se niche dans les moindres détails, et vous remarquerez vite à quel point les accessoires sont mis en valeur : une tenue n'est rien sans un bijou unique, une écharpe négligemment nouée, un sac, une paire de gants ou un chapeau parfaitement accordé.

Fondée en 1968, la maison **Etro** s'est fait connaître par ses matières nobles et ses motifs d'inspiration perse ou indienne. **Moschino**, après avoir travaillé pour la célébrissime maison Versace, lance en 1983 sa propre ligne et dessine entre autres les tenues de scène de Kylie Minogue et de Madonna.

Inutile de mentionner la formidable réussite de **Giorgio Armani**, ancien collaborateur de Nino Cerruti, dont la marque fondée en 1974 habille aujourd'hui des personnalités aussi variées que Richard Gere et Lady Gaga. La maison **Gucci**, d'origine florentine, a quant à elle définitivement consolidé la renommée du cuir italien. Et la liste pourrait se poursuivre avec des noms comme **Prada, Valentino, Dolce & Gabbana**...

Sous les feux de la rampe

Chaque année, à l'occasion des célèbres ***Fashion Weeks*** de Milan, les caméras du monde entier sont braquées sur la capitale lombarde. La fin du mois de février est consacrée aux collections féminines automne-hiver, la fin du mois de septembre aux collections printemps-été, tandis que les *Fashion Weeks* masculines ont lieu en janvier et en juin.

Si vous ne faites pas partie des quelque 15 000 acheteurs et 2 500 journalistes invités aux principaux défilés, vous pourrez toujours profiter de l'ambiance électrique qui anime la ville durant ces semaines. Sillonnés par les mannequins, les critiques et les amateurs de mode, les rues et bars de Milan s'emplissent de silhouettes diaphanes qui semblent tout droit sorties des pages glacées des magazines.

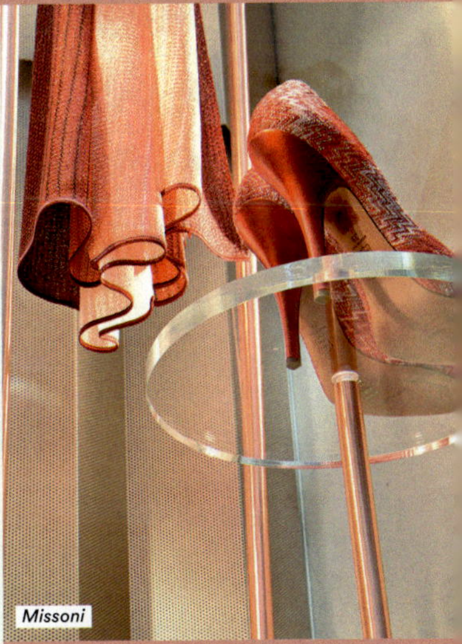

Missoni

La mode milanaise en chiffres

- 13 000 entreprises.
- 850 showrooms.
- 6 000 points de vente.
- 5,2 milliards d'euros d'exportations annuelles.
- 15 écoles de mode, avec plus de 10 000 étudiants (dont une majorité d'étudiants étrangers).
- 200 000 visiteurs annuels pour les Salons de la mode.

AUTOUR DE LA PINACOTECA DI BRERA

3

Si le caractère populaire du quartier n'est plus qu'un souvenir, ses ruelles piétonnes, jadis fréquentées par tout ce que Milan comptait d'artistes et d'écrivains, n'en restent pas moins une promenade agréable. Elles sont ponctuées de galeries d'art, de boutiques branchées et de restaurants, où les touristes viennent flâner après la visite de la célèbre pinacothèque de Brera.

Pinacoteca di Brera

1 Via Brera✦

Bordée d'édifices anciens et pavée de petits galets, la via Brera prouve que Milan n'a pas toujours été uniquement une ville moderne. Entre boutiques d'artisans, galeries d'art et papeteries chics, on flâne avec plaisir le long de cette rue qui sent bon le parfum d'autrefois. Et derrière ses murs épais, voici s'élever le Palazzo di Brera, siège de la pinacothèque du même nom (voir ci-dessous) et de l'Académie des beaux-arts.

2 Pinacoteca di Brera✦✦✦

Le Palazzo di Brera héberge tout simplement l'une des plus importantes collections de peintures d'Italie, ce qui n'est pas peu dire ! Les amateurs d'art ne seront pas déçus : tous les plus grands peintres de la péninsule répondent à l'appel.

Salle des peintures lombardes (salle XV), Pinacoteca di Brera

Sacrées peintures !

Fondée en 1776 et installée dans l'ancien collège des Jésuites (XVIe s.), l'Académie des beaux-arts collectionnait les œuvres pour qu'elles servent de modèles aux étudiants – comme elle le fait toujours aujourd'hui.

Napoléon contribua largement à enrichir la collection avec nombre d'œuvres soustraites aux ordres religieux. Les toiles sacrées sont ainsi omniprésentes, en commençant par le *Christ mort* de Mantegna, peint à la fin du XVe s. L'effet de perspective y est impressionnant ; la hardiesse dans la composition et une formidable virtuosité font le reste.

Le triomphe de l'école vénitienne

Dernière œuvre de Gentile Bellini, la *Prédication de saint Marc* fut achevée par son frère Giovanni. La scène, immense, se déroule sur une place dans une ville supposée être Alexandrie ; son architecture juxtapose des éléments empruntés à l'art vénitien (basilique Saint-Marc de Venise) et à l'art oriental (minarets). Des dignitaires aux traits réalistes sont vêtus à la mode vénitienne du XVIe s.

Tintoret et Véronèse ne sont pas en reste : le premier s'illustre par une dramatique mise en scène de la *Découverte du corps de saint Marc*, tandis que le

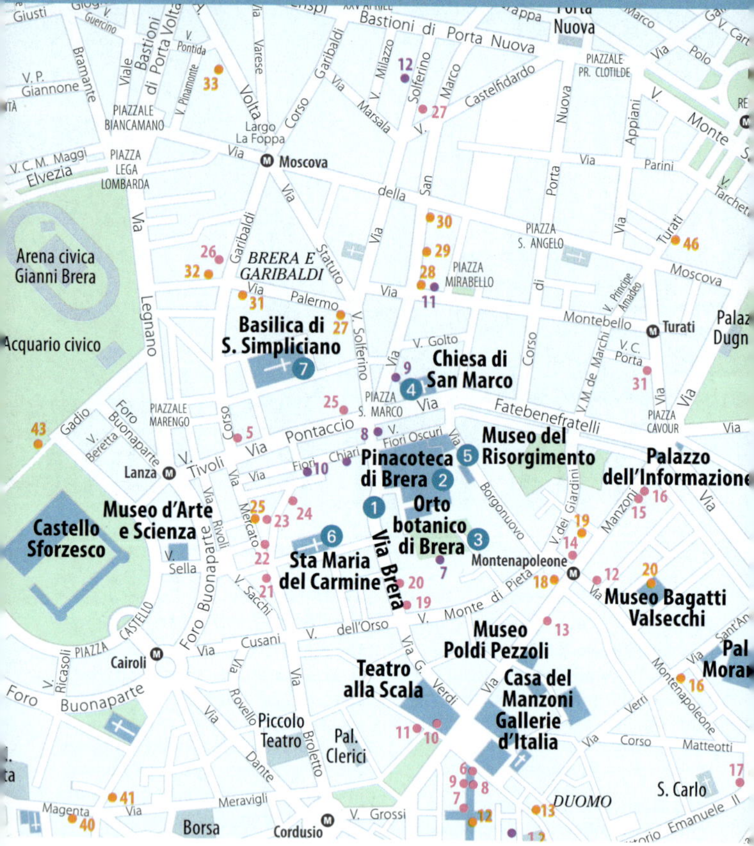

second représente un fastueux *Repas chez Simon*, davantage inspiré des festins vénitiens que des pages des Écritures.

Trois chefs-d'œuvre

Si les artistes italiens du début du XXe s. ont toute leur place à Brera, c'est cependant devant trois chefs-d'œuvre absolus des XVe-XVIIe s. que le public s'attarde. Le *Retable de Montefeltro* (v. 1472), œuvre majeure de Piero Della Francesca, intrigue depuis cinq siècles pour son mystérieux œuf suspendu au-dessus de la tête de la Vierge. Un symbole de pureté et de fécondité ?

Dans *Le Mariage de la Vierge* (1504) peint par un Raphaël encore jeune, le regard ému de Marie ne cesse d'émouvoir, même les plus insensibles des spectateurs.

Quant au célèbre *Souper à Emmaüs* peint par Le Caravage vers 1606, il impressionne par son réalisme extrême et par le jeu d'ombre et de lumière, qui donne toute sa puissance dramatique à la composition.

Enfin, ne quittez pas le musée sans avoir admiré les restaurateurs en train de travailler sous une amusante verrière à température contrôlée.

Via Brera, 28 • ☏ 02 7210 5141 • https://pinacotecabrera.org • Mar.-dim. 8h30-19h15 (dern. entrée 18h); ouv. jusqu'à 22h20 les 3e jeu. du mois (dern. accès à 21h); fermé lun., 1er janv. et 25 déc. • Entrée 15 €, accès illimité pendant 3 mois, achat obligatoire en ligne : www.brerabooking.org; gratuit 1er dim. du mois sur résa en ligne.

3 Orto Botanico di Brera✦✦

Après la visite riche en émotions de la pinacothèque, reposez-vous en déambulant au milieu de ce jardin botanique agrémenté de plantes rares. C'est Marie-Thérèse qui transforma l'ancien potager des jésuites en espace vert garni de plantes parfumées, en 1773. L'ensemble fut doté d'un observatoire, dont la coupole et la collection d'instruments astronomiques font l'objet de rares visites guidées.

Via Brera, 28 • ☏ 02 5031 4696 • Lun.-sam. 10h-18h (9h30-16h30 en hiver).

4 Chiesa di San Marco✦

Selon la légende, cette église aurait été consacrée à saint Marc pour remercier les Vénitiens d'avoir aidé Milan à se débarrasser de l'empereur Frédéric Barberousse, au XIIe s. En réalité, elle date du XIIIe s. Le campanile, le portail d'entrée et ses statues sont

Pause artistique : Caffè Fernanda

Envie d'un petit café, d'une part de tarte, d'une coupe de prosecco ou d'un déjeuner léger sous le signe de la Sicile après vous être abreuvé de peinture à la Pinacothèque ? Tous les prétextes sont bons pour vous installer à l'ombre des belles arcades du Palazzo di Brera, en haut de son monumental escalier, avec la cour d'honneur et la statue de Napoléon en tenue de Mars à vos pieds.

22 Plan H6 • ***Via Brera, 28 (accès par la cour du Palazzo di Brera, esc. gauche, 1er étage) • ☏ 345 050 4846 • www.caffefernanda.com • Mar.-dim. 9h30-17h30 • Coupe de prosecco 10 €; primi 16-18 €; secondi 18-26 €.***

d'origine. À l'intérieur (transept gauche), remarquez les restes d'une belle fresque de la Crucifixion et le tombeau de Lanfranco Settala, tous deux du XIIIe s. Depuis que Mozart y a joué, l'église est célèbre pour ses concerts.

Piazza San Marco • T.l.j. 7h-12h et 16h-19h • Accès libre.

5 Museo del Risorgimento✦

C'est toute l'épopée de l'unité italienne, depuis la première campagne de Napoléon (1796) jusqu'à l'annexion de Rome au royaume d'Italie, qui prend vie dans ce musée grâce à des peintures, sculptures, armes, uniformes et souvenirs en tout genre. La figure de Garibaldi (1807-1882) y occupe bien sûr une place d'honneur.

Via Borgonuovo, 23 • 02 8846 4177 • www.museodelrisorgimento.mi.it • Mar.-dim. 10h-17h30 • Entrée libre.

6 Santa Maria del Carmine✦

Servant de décor à la jolie place homonyme, où fleurissent d'agréables terrasses de cafés, des boutiques branchées et des magasins gastronomiques, cette église du XVIe s. à la façade néogothique abrite, à droite du chœur, l'une des plus jolies chapelles baroques de la ville. Particulièrement sollicitée par les étudiants à la veille de leurs examens, la statue de saint Expédit est connue pour exaucer les prières en un temps record !

Piazza del Carmine • 02 8646 3365 • www.chiesadelcarmine.net • T.l.j. 7h15-12h et 16h-19h • Entrée libre.

Santa Maria del Carmine

7 Basilica di San Simpliciano✦

Fondée au IVe s. par Ambroise, évêque de Milan, la basilique conserve les corps des trois martyrs qui, selon la légende, permirent la victoire des communes lombardes sur l'empereur Barberousse, en 1176. Mythe à part, l'édifice mérite une visite pour ses proportions harmonieuses, ses chapiteaux sculptés du portail central ainsi que pour la belle fresque de l'abside peinte par Bergognone au XVIe s.

Piazza San Simpliciano, 7
• T.l.j. 7h-12h (dim. 7h30-12h30) et 15h-19h
• Accès libre.

Restos Bistrots

Da Zero

Pizzeria 23 Plan H6

À base d'ingrédients triés sur le volet, les pizzas de ce restaurant vous feront fondre de plaisir ! La recette de la pâte, haute et moelleuse, est celle de la région campanienne du Cilento. Toutes les pizzas de la carte sont disponibles en version « pâte intégrale ». À tester absolument, celle à la *mozzarella nella mortella* et *fior di latte*, merveilleusement fondante. Salades, planches de charcuterie et *crocchè cilentano* (des croquettes de pomme de terre, de riz ou d'aubergine) complètent le menu.

Via dell'Orso, 4 • ☎02 8341 9934
• www.cominciadazero.com
• Lun.-mer. 12h-14h45 ; jeu.-dim. 12h-14h45 et 19h-minuit • Pizzas 10-14 €.

Artisti del Vegetariano

Végétarien 24 Plan G6

Il n'est pas nécessaire d'être végétarien pour apprécier les mille et une recettes de cette boutique où légumes et féculents sont rois ! Les gâteaux d'aubergine et tomates séchées, les muffins de potiron aux champignons, les beignets de courgettes et autres croquettes tout droit issus du potager sont à emporter ou à consommer sur place, à toute heure, juché sur des tabourets de bar.

Via Ponte Vetero, 15 • ☎347 489 9033
• www.artistidelvegetariano.com
• Lun.-dim. 8h30-20h30 • À partir de 3,50 €.

Sibilla

Pizzeria 25 Plan G6

Le repaire pizza pour les Milanais de retour de week-end ou à la sortie du théâtre ou du cinéma. Petite et un peu vieillotte, l'adresse continue à servir des pizzas au feu de bois depuis 1951, avec le même entrain et le même succès. Pour varier, les propositions de *pasta*, de viande et de poisson ne manquent pas.

Via Mercato, 14 • M° Lanza • 02 3966 3561 • Mar.-dim. 12h-14h30 et 19h-22h30 • Pizzas 6-12 €.

Clotilde Brera

Traditionnel 26 Plan H6

Une déclaration à faire ou un heureux événement à célébrer ? Rendez-vous sur l'une des terrasses les plus romantiques du centre-ville ! Délicatement éclairée et perchée sur un toit au 1er étage, elle offre une vue imprenable sur la belle façade de l'église San Marco. Le menu, restreint mais toujours au top, oscille entre tradition locale et recettes de la mer : osso bucco, côte de veau à la milanaise, calamars farcis, spaghettis aux anchois et poutargue...

Piazza San Marco, 6 • 02 3831 653 • www.clotildefood.com • Lun.-sam. 18h30-22h30 • Plats 21-28 €.

Rigolo

Traditionnel 27 Plan D2

Grand classique de la restauration milanaise, ce restaurant ne désemplit pas depuis... 1958 ! Les habitués s'y régalent d'une cuisine traditionnelle servie « comme autrefois », dans un cadre bourgeois de repas du dimanche. Parmi les spécialités de la maison, les tagliatelles aux calamars et à la poutargue, les spaghettis aux coques et fleurs de courgette, les saucisses toscanes, la *fiorentina* (côte de bœuf cuite à la braise)...

El Tombon de San Marc

Via Solferino, 11 • M° Moscova • 02 8646 3220 • www.ristoranterigolo.it • Mar.-dim. 12h15-14h30 et 19h30-22h30 • Antipasti 14 €; primi 13 €; secondi 25 €.

El Tombon de San Marc

Bistrot-café 28 Plan D2

Au cœur du quartier de Brera, une adresse qui sent bon le Milan d'autrefois, aux allures de brasserie : murs lambrissés, miroirs et banquettes en cuir vert. Apprécié aussi bien par les employés de bureau que par la jeunesse pour l'*aperitivo* ou le déjeuner, il propose une cuisine traditionnelle aux couleurs milanaises ainsi qu'un service de cafétéria.

Via San Marco, 20 • M° Moscova • 02 659 95 07 • Lun.-ven. 12h-15h et 18h-2h, sam. 17h-2h • Concert jeu.-sam. jusqu'à 5h • De 25 à 40 €.

Latteria San Marco

Traditionnel 29 Plan D2

Trouver une table est un exploit dans cette minuscule brasserie de quartier aménagée dans une ancienne crèmerie, tant les habitués y ont leur couvert réservé. Mais le goût de l'authenticité vaut la peine de tenter sa chance pour découvrir une cuisine régionale préparée comme chez grand-mère. À ne pas manquer, les tagliatelles au ragoût, la soupe aux haricots, la joue de veau braisée et le gâteau au chocolat.

Via San Marco, 24 • M° Moscova • 02 65 97 653 • Lun.-ven. 12h30-14h30 et 19h30-22h • Primi 12-16 €, secondi 18-24 €, contorni 7 €.

Pacifico

Cuisine du monde 30 Plan D2

Innovant dans le paysage culinaire milanais, ce restaurant au design audacieux propose de faire découvrir la cuisine péruvienne. Au rythme de ceviche et de *dim sum*, de coriandre et de piment d'Espelette, le chef joue avec les saveurs en agrémentant ses plats de fines notes orientales.

Via della Moscova, 29 • M° Moscova • 02 8724 4737 • http://wearepacifico.it • T.l.j. 19h-1h • Ceviche 16-26 €, dim sum 12 €.

La Libera

Bistrot 31 Plan D2

Ce bistrot stylé s'inscrit dans la tradition milanaise, avec son grand comptoir en bois et zinc sur fond de bouteilles, ses vieilles affiches et ses tables et chaises

Latteria San Marco

en bois. Un cadre chaleureux pour déguster une cuisine locale soignée, inspirée par les saisons, dont les incontournables restent la côtelette panée et la mystérieuse glace au four. Âme du lieu, le patron, Italo, vous accueille toujours impeccable avec ses moustaches et son nœud papillon.

Via Palermo, 21 • M° Moscova • ☎ 02 80 53 603 • www.ristorantelaliberamilano.com • Lun.-sam. 19h-minuit • **Primi** *14 €,* **secondi** *20-27 €.*

Al Matarel

Trattoria 32 Plan C2

L'une des adresses les plus « milanaises » de la capitale lombarde, de l'accent des gérants jusqu'au cadre inchangé depuis 60 ans. L'os à moelle et son risotto au safran sont une légende. Pour les inconditionnels de la tradition.

Via Laura Solera Mantegazza, 4 • M° Moscova • ☎ 02 65 42 04 • Lun. et mer.-dim. 12h30- 14h30 et 19h30-23h30 • **Antipasti** *8-14 €,* **primi** *16-18 €,* **secondi** *24-28 €.*

Il Pescetto

Produits de la mer 33 Plan CD2

La formule est simple : vous entrez, vous choisissez vos poissons et fruits de mer à l'étalage, vous optez pour votre cuisson préférée (grillée, frite, à la poêle) et vous passez à la caisse, avant d'aller vous installer à table. Les prix, très raisonnables, sont calculés « all'etto », c'est-à-dire aux 100 g. Quelques plats tout droit sortis de la cuisine complètent le menu : lasagnes au ragoût de crevette, calamars farcis, morue en sauce... Une farandole de saveurs que vous n'oublierez pas de si tôt !

Via Alessandro Volta, 9 • ☎ 02 3675 4184 • Mar.-sam. 12h30-14h15 et 19h-22h (23h ven. et sam.) • poissons 3-6 €/100g ; tartare 10-13 € ; plats 8-13 €.

Bars, clubs Sorties

Bulgari

Bar à cocktails 7 Plan H6

Voilà l'occasion de fréquenter du beau monde en goûtant aux délices d'un jardin paradisiaque en plein cœur de la ville. Pour être dans l'ambiance, n'hésitez pas à troquer vos baskets pour des talons... *Aperitivo* cher, mais *so chic* !

Via Privata Fratelli Gabba, 7/B • M° Montenapoleone • ☎ 02 805 80 51 • **Aperitivo** *: t.l.j. 18h-21h • Cocktail (+ buffet à table) 25 €.*

Jamaica Bar

Bar 8 Plan H6

Si ce n'est plus le quartier général bohème des artistes milanais, comme ce fut le cas dans l'après-guerre, ce bar garde un charme désuet où il fait bon siroter un verre à l'intérieur comme en terrasse lors de l'*aperitivo*, entouré par les étudiants de l'Accademia di Brera voisine.

Fioraio Bianchi Caffè

Via Brera, 32 • M° Lanza • ☎ 02 87 67 23 • www.jamaicabar.it • Lun.-sam. 9h-2h, dim. 10h30-20h30 • Aperitivo : 18h-21h30 • Cocktails (+ buffet à table) 6-10 €.

N'Ombra de Vin

Bar à vins 9 Plan H6

Dans les anciens souterrains voûtés du couvent de l'église San Marco, voici un bar à vins qui a du caractère. Une file de bouteilles et de caisses de vins entoure les tables et le comptoir, où se presse un public branché et bohème amateur de bon vin. L'été, la clientèle, animée, sort du sous-sol pour déborder allègrement sur le trottoir, un verre de grand cru à la main et un air nonchalant dans le regard. Bouteilles en vente sur place.

Via San Marco, 2 • M° Moscova • ☎ 02 659 96 50 • www.nombradevin.it • Lun.-sam. 18h30-2h • Verre de vin à partir de 7 €.

Cinc

Bistrot 10 Plan G6

Dans un recoin merveilleusement tranquille du quartier de Brera, ce bar a des allures de bistrot français conceptuel. Pour siroter un exquis martini ou un *caffè shakerato* ou même pour grignoter (salade, assiette de jambon mozzarella) dans un cadre intime.

Via Marco Formentini, 5 • M° Lanza • ☎ 02 3655 0257 • www.cincbrera.it • Mar.-sam. 12h-1h • Aperol soda ou Campari soda 5 €, bières 6-7 €, cocktails 8-15 €.

Fioraio Bianchi Caffè

Aperitivo 11 Plan D2

Un petit air de France flotte chez ce fleuriste reconverti en bistrot branché. On s'attable entre les pots de fleurs pour apprécier une cuisine fraîche et originale (il y a même des madeleines et des

Cavalli e Nastri

cannelés pour les nostalgiques), mais on vient surtout ici pour l'*aperitivo*, qui est une expérience sensorielle originale et inoubliable. Un endroit vraiment romantique pour déclarer sa flamme en offrant un beau bouquet.

Via Montebello, 7 • M° Moscova • ☏ 02 2901 4390 • www.fioraiobianchicaffe.it • Lun.-sam. 8h-minuit (fermeture cuisine 1h avant) • Cocktail (+ buffet) 10 € (18h-20h); primi 16 €, secondi 18 €.

Dry

Bar à cocktails 12 Plan D2

Cette adresse branchée a trouvé la formule gagnante : marier cocktails et pizzas. Dans un cadre moderne et design avec de grandes verrières donnant sur l'animée via Solferino, une table en bois sert de comptoir. Derrière, un jeune barman prépare des cocktails dans les règles de l'art. Le plus demandé est le Frenchi 75 (à base de citron, gin, sucre et champagne) et le plus original, le cocktail en bouteille à partager entre amis.

Via Solferino, 33 • M° Moscova • ☏ 02 6379 3414 • www.drymilano.it • Mar.-dim. 19h-1h30 • Cocktails 10-16 €, pizzas 12-16 €.

Hôtels B&B

Milan Urban Brera

Auberge de jeunesse Plan D2

Dans un quartier où la mode, la culture, le design et les affaires se rencontrent, voici une auberge de jeunesse dotée de tout le confort : salles de bains privatives, coffre-fort, clim, frigo-bar et Wifi gratuit.

Via Renzo Bertoni, 3 • M° Turati • ☏ 02 6556 0201 • www.newgenerationhostel.com • De 45 à 70 €/pers. • 14 ch. (de 2 à 6 lits).

Antica Locanda Solferino

Cocooning rétro

Plan D2

Onze chambres aux allures de bonbonnière pour cet hôtel-boudoir qui évoque le Milan du début du XXe s. Petit déjeuner servi dans les chambres, accompagné de votre journal préféré. Animaux bienvenus.

Via Castelfidardo, 2 • M° Moscova • ☎ 02 657 0129 • www.anticalocandasolferino.it • De 155 et 205 €.

Shopping Cadeaux

Cavalli e Nastri

Mode vintage

19 Plan H6

La référence du vintage de luxe pour les Milanaises nostalgiques de la mode d'autrefois. Robes à la Audrey Hepburn, sacs *Kelly* des années 1960, bijoux et accessoires ravissants.

Via Brera, 2 • M° Montenapoleone • ☎ 02 7200 0449 • www.cavallienastri.com • Lun.-sam. 10h30-19h30, dim. 12h-19h30. **Autres adresses :** *via Gian Giacomo Mora, 3 et 12.*

Rigadritto

Papeterie

20 Plan G6

Des idées de cadeaux en pagaille à partir de 1 € dans ce magasin à l'atmosphère ludique, où l'on se plaît à musarder : porte-clés personnalisés de toutes les couleurs, crayons antisèche avec tables de multiplication imprimées, cartes de vœux de toutes sortes, marque-pages en forme d'animaux, multitude de carnets, dont un agenda qui s'ouvre à l'envers…

Via Brera, 6 • M° Cairoli • ☎ 02 8058 2936 • www.rigadritto.com • Lun.-sam. 10h-19h, dim. 10h30-19h • Marque-pages 10 €, porte-clés à personnaliser 24 €.

Fabriano Boutique

Papeterie

21 Plan G6

Connue depuis le XIIIe s. pour sa technique de fabrication du papier, la petite ville de Fabriano, dans la région des Marches, a donné son nom à cette marque dont la production est 100 % italienne. Le choix sera difficile, entre les différentes feuilles à dessin, les carnets aux coloris variés, les papiers à lettres et les porte-documents assortis.

Via Ponte Vetero, 17 • M° Cairoli ou Lanza • ☎ 02 7631 8754 • www.fabrianoboutique.com • T.l.j. 10h-19h30 • À partir de 5 €.

Fabriano Boutique

Parfums de l'Officina Profumo Farmaceutica di Santa Maria Novella

Alfonso Garlando

Chaussures

22 Plan G6

Difficile de ne pas trouver chaussure à son pied dans ce magasin qui est rapidement devenu une référence à Milan. Production artisanale 100 % *made in Italy,* qualité des matières, variété de l'offre, possibilité de combiner à son gré formes et couleurs grâce au service sur mesure : c'est un sans-faute pour cette boutique où escarpins classiques et chaussures de mariée côtoient mocassins, sandales, ballerines et bottines en cuir, en peau ou en tissu.

Via Madonnina, 1 • M° Cairoli ou Lanza • ☎ 02 87 46 65 • www.alfonsogarlando.it • Lun.-sam. 10h-19h30, dim. 11h-13h30 et 14h30-19h • Ballerines 119 €.

Officina Profumo Farmaceutica di Santa Maria Novella

Cosmétiques

23 Plan G6

Depuis plus de 400 ans, les dominicains du couvent de Santa Maria Novella de Florence concoctent des préparations pharmaceutiques et cosmétiques aux multiples propriétés. Parmi les recettes les plus anciennes, l'eau de mélisse, aux vertus sédatives et digestives, ou les sels de lavande, connus pour leur effet stimulant. S'ajoute à cela une kyrielle de savons, de crèmes, d'huiles solaires, de parfums à base de plantes...

Via Madonnina, 11 • M° Lanza • ☎ 02 3651 9630 • www.eu.smnovella.com • T.l.j. 10h-19h30.

Manee Milano

Chaussures 24 Plan G6

Les créations aussi ébouriffantes qu'insolites de Vincent McNulty, Milanais d'adoption et Irlandais d'origine, sont à faire pâlir d'envie les fétichistes du monde entier. Des pièces uniques et ludiques qui jouent avec les formes, les matières et les couleurs pour un résultat toujours surprenant. Côté femme, talons vertigineux, sandales-bijoux, bottines cloutées aux formes improbables en cuir, plastique, daim… Au rayon homme, mocassins, derbys et oxford jouent l'excentricité avec des imprimés écossais, panthère, charentaise et des mélanges de couleurs à la Al Capone.

Via Madonnina, 10 • M° Lanza • ☎ 02 3659 0226 • https://maneemilano.it • Lun.-sam. 11h-14h et 15h-19h, dim. 11h-18h • Prix moyen autour de 200 €.

Moroso

Design 25 Plan H6

Depuis 1972, cette marque, qui rayonne aujourd'hui bien au-delà des frontières italiennes, s'est spécialisée dans la création de fauteuils, de chaises et de canapés en tout genre. Parmi les modèles aux formes sinueuses ou anguleuses, aux couleurs flashy ou sobres, aux matériaux variés, certains, comme la gamme Gluon, aux lignes arrondies, ou le fauteuil Klara, aux accoudoirs-tablette, sont devenus de véritables icônes.

Via Pontaccio, 8 • M° Lanza • ☎ 02 7201 6336 • www.moroso.it • Mar.-sam. 10h-14h et 15h-19h.

Magis

Design 26 Plan C2

Une explosion de couleurs pour cette petite entreprise qui a fait son bout de chemin depuis 1976. Une référence dans l'univers design, qui s'applique à rendre accessible toute une gamme de produits de qualité, réalisés en collaboration avec les grands du design international.

Corso Garibaldi, 77 • M° Moscova • www.magisdesign.com • Mar.-sam. 10h-13h et 14h30-19h.

Enoteca Cotti

Vins 27 Plan D2

Plus de 1 000 références chez ce marchand de vins, parmi les mieux approvisionnés de la ville depuis 1952 ! Idéal pour découvrir les vins italiens et ramener quelques bonnes bouteilles dans son panier. Huile, vinaigre et conserves sucrées et salées répondent également à l'appel.

Via Solferino, 42 • M° Moscova • ☎ 02 2900 1096 • www.enotecacotti.it • Mar.-sam. 9h-13h et 15h-20h.

SANTA MARIA DELLE GRAZIE ET SANT'AMBROGIO

4

Les nuées de touristes, qui viennent quotidiennement rendre hommage au génie de Léonard dans le réfectoire du couvent de Santa Maria delle Grazie, se désintéressent à tort du reste du quartier. Ses avenues et ses places sont pourtant bordées de palais baroques, d'immeubles Liberty, de jolies boutiques et d'un chef-d'œuvre de l'art roman, la basilique Sant'Ambrogio.

Santa Maria delle Grazie

1 Corso Magenta✦

Cette élégante avenue – depuis toujours l'une des plus chics de Milan – est souvent traversée au pas de course par les touristes pressés d'aller contempler *La Cène*. Pourtant, le corso et ses transversales sont bordés par certains des plus beaux palais milanais : le **Palazzo Litta** de style rocaille (corso Magenta, 24), la **Casa Maffioretti** (via Saffi, 14) et la **Casa Cavalli Agostoni** (via Ariosto, 21), éminents témoignages du style Liberty.

2 Santa Maria delle Grazie✦✦✦

Chef-d'œuvre incontesté du grand Bramante, la coupole de cette église est assurément la plus magnifique de Milan. Impossible de ne pas s'émerveiller devant ses formes Renaissance à la géométrie parfaite, à la fois pures et complexes, qui remplacèrent, à la fin du XVe s., le chœur et le transept de l'édifice gothique précédent. Même éblouissement à l'intérieur, devant le contraste entre les nefs gothiques et le lumineux décor de la coupole, dont les roues et les soleils rayonnants renvoient à l'iconographie de la puissante famille des Sforza.

Piazza Santa Maria delle Grazie • ☎ 02 467 61 11 • www.legraziemilano.it • Lun.-sam. 7h-12h et 15h-19h30 (16h-19h30 en été), dim. 7h-12h30 et 16h-21h • Accès libre.

3 Cenacolo Vinciano✦✦✦

Quelle émotion de poser les yeux sur l'une des peintures les plus connues de tout l'art occidental : *La Cène*, que Léonard de Vinci peignit entre 1495 et 1498 au mur du réfectoire *(cenacolo)* du couvent dominicain de Santa Maria delle Grazie. Comment ne pas frémir en apprenant que ce chef-d'œuvre, véritable manifeste des conceptions artistiques de son créateur, faillit périr sous les bombes alliées en 1943 ! Alors, ne boudez pas votre plaisir et laissez-vous bouleverser par sa subtile beauté et son incroyable force évocatrice.

Un choix dangereux

Refusant de recourir à la technique de la fresque qui interdit les retouches, Léonard choisit de peindre sa *Cène* à la détrempe. Ce choix, combiné à l'humidité des murs, risqua d'être fatal à l'œuvre, qui, avant même d'être achevée, se dégradait déjà. Dès lors, les restaurations furent pratiquement ininterrompues jusqu'à nos jours. La dernière, réalisée entre 1978 et 1999, redonna de l'éclat à ce qui n'était plus qu'une ombre.

Les mouvements de l'âme

Plutôt que de représenter la Cène au moment où Jésus désigne celui qui le trahira, Léonard décide de montrer l'instant qui précède l'annonce de la future trahison. Le peintre – passionné par l'étude scientifique des phénomènes

Pause en terrasse : Stelline Caffè

Au fond du grand cloître du Palazzo Stelline, ce joli café aux tables multicolores propose salades, *pinsa*, sandwichs, *bruschette*, glaces et douceurs variées. Par beau temps, installez-vous dehors, sur la terrasse qui domine la Vigna di Leonardo, le beau jardin où Léonard de Vinci aurait possédé une vigne.

34 Plan C3 • *Corso Magenta, 61 • ☎ 02 9768 7038 • www.stellinecaffe.it • Lun.-ven. 9h-20h (18h en hiver) • Salades 10-14 €, paninis 7-14 €,* caprese di bufala *10 €.*

de répercussion du son et du mouvement – applique ses théories au choc provoqué par les paroles du Christ : « L'un de vous me livrera. » Cette révélation, telle une onde qui se propage, rebondit de groupe en groupe, et confère à la scène toute son énergie.

Une galerie de portraits

La variété des attitudes des apôtres, leur gestuelle et leurs expressions reflètent « les mouvements de l'âme » *(i moti dell'animo)* chers au peintre. Chacun est unique, et les paroles du Christ suscitent des réactions variées. La stupeur, l'incompréhension, l'horreur et l'indignation qui se lisent sur le visage des disciples s'opposent à la sereine gravité du Christ, dont l'isolement semble préfigurer le destin.

Enfin, les visiteurs subjugués par la beauté et la force dramatique de l'œuvre oublient souvent de se retourner pour admirer la fresque qui lui fait face, représentant la *Crucifixion* (1495) par Donato Montorfano.

Piazza Santa Maria delle Grazie, 2 • ☎ 02 9280 0360 • https://cenacolovinciano.org • Mar.-sam. 8h15-19h, dim. 14h-19h; fermé lun., 1er janv. et 25 déc. • Entrée 15 € • ***Résa obligatoire,*** *conseillée 2 ou 3 mois à l'avance, par tél. ou en ligne sur https://cenacolovinciano.vivaticket.it (preuve d'identité à fournir).*

4 Vigna di Leonardo✦✦

Accordez-vous une flânerie bucolique sur les traces du grand Léonard de Vinci. Derrière une façade aux lignes Renaissance se dissimule un véritable joyau : deux cours semées d'arcades, de statues et de plantes grimpantes, une demeure du XVe s. aux murs couverts de fresques et de boiseries anciennes, et, cerise sur le gâteau, un jardin secret et verdoyant au fond duquel se trouvait la vigne offerte à Léonard par Ludovic le More.

Corso Magenta, 65 • ✆02 4816 150 • www.vignadileonardo.com • Mar.-dim. 9h-18h • Entrée 10€.

5 Museo nazionale della Scienza e della Tecnologia Leonardo da Vinci✦✦

Consacrée à Léonard de Vinci, la galerie du 1er étage regorge de maquettes en bois reproduisant quelques-unes de ses inventions. Réparties par thèmes, les diverses sciences et technologies occupent le reste du bâtiment. Dans la cour, visite des pavillons réservés aux transports ferroviaires et à l'aéronautique, et, pour ceux qui ont le pied marin, immersion dans les profondeurs avec la visite du **sous-marin *Enrico Toti*.**

Via San Vittore, 21 • ✆02 485 551 • www.museoscienza.org
Museo : *mar.-ven. 9h30-17h, sam.-dim. 9h30-18h30; fermé 25 déc. et 1er janv. • Entrée 10€; 7,50€ pour les 3-26 ans; gratuit enfant - de 3 ans.*
Sous-marin *Enrico Toti* : *20€ (billet combiné avec l'entrée au Museo; sur résa au ✆02 4855 5330); 17,50€ pour les 3-26 ans; interdit aux - de 3 ans et aux - de 14 ans non accompagnés d'un adulte.*

6 Basilica di Sant'Ambrogio✦✦✦

Chère au cœur des Milanais, la basilique dédiée au saint patron de la ville séduit par la pureté de ses lignes et incite à la spiritualité. Elle

Maquette d'une invention de Léonard de Vinci au Museo nazionale della Scienza

Basilica di Sant'Ambrogio

fut fondée par l'évêque Ambroise, au IVe s., pour y déposer les corps des martyrs Gervais et Protais. Lui-même y fut ensuite enterré. Aujourd'hui, il ne reste presque plus rien de l'édifice d'origine, mais le bâtiment du XIIe s. est l'un des témoignages les plus aboutis de l'art roman lombard en Italie.

Chefs-d'œuvre inattendus

Un magnifique atrium aux chapiteaux sculptés précède l'édifice tandis que deux campaniles de styles différents encadrent la façade: celui de gauche remonte au IXe s., alors que celui de droite date du XIIe s.

On accède à la basilique par un portail du XVIIIe s. Scintillant au fond de la nef apparaît le maître-autel : cette prouesse d'orfèvrerie carolingienne remontant au IXe s. est toute recouverte de feuilles d'or et décorée de filigrane et de pierres précieuses. Son auteur, Volvinius, laissa même sa signature gravée dans le métal.

Dans la nef centrale à gauche, remarquez le magnifique et curieux pupitre tout en marbre. Il s'agit d'un ambon romano-byzantin du XIIe s., employé pour la lecture des Évangiles. Il repose sur un sarcophage sculpté de bas-reliefs de la première époque chrétienne.

San Vittore in Ciel d'Oro

Au fond de la nef à droite, cette très belle chapelle est tout ce qui subside d'un édifice paléochrétien antérieur à la basilique. Incluse au complexe au XVe s. seulement, elle est décorée de magnifiques mosaïques, trop souvent négligées par le visiteur pressé. Vous y reconnaîtrez saint Victor, entouré d'une couronne de fleurs, ainsi que saint Ambroise, dont il s'agit ici de la plus ancienne représentation connue.

Une sortie au fond de la nef à gauche donne accès au portique réalisé à la Renaissance par Bramante. En son centre s'élève la petite chapelle romane de San Sigismondo.

Piazza Sant'Ambrogio • www.basilicasantambrogio.it • Lun.-sam. 10h-12h et 14h30-17h30, dim. 15h-17h • Accès libre.

7 San Maurizio al Monastero Maggiore✦✦

Éblouissement garanti derrière le portail de cette église, qui dissimule l'un des plus beaux cycles de fresques de l'école lombarde du XVIe s. Le chœur et les chapelles, entièrement peints, sont l'œuvre de Bergognone, de Lomazzo et Campi. Séparant la partie de l'église réservée aux fidèles de celle consacrée aux religieuses, le mur de clôture est en grande partie l'œuvre de Bernardino Luini.

Corso Magenta, 15 • Mer.-dim. 10h-17h • Entrée libre.

8 Civico Museo Archeologico✦

Les bâtiments de l'ancien couvent de l'église San Maurizio al Monastero Maggiore accueille des vestiges de la cité romaine de *Mediolanum* (ainsi qu'était appelé Milan dans l'Antiquité). L'histoire de la ville et de son cadre urbain du temps des Romains y est contée. Des pièces grecques et étrusques complètent l'ensemble.

Corso Magenta, 18 • ☎ 02 8844 5208 • www.museoarcheologicomilano.it • Mar.-dim. 10h-17h30 • Entrée 5 € (gratuit le 1er et le 3e mar. du mois à partir de 13h, et chaque 1er dim. du mois).

Restos | Bars | Hôtels | Shopping | Activités

Restos Bistrots

Zakuro

Japonais 35 Plan C3

Un bel établissement à la décoration fraîche et agréable, qui propose une cuisine japonaise créative à base d'ingrédients de première qualité. Curieux desserts, comme l'originale crème brûlée au thé vert.

Via Vincenzo Monti, 16 • M° Cadorna • ☎ 02 4819 5468 • www.zakuromilano.it • Lun.-sam. 12h-15h et 18h-22h • De 15 à 35 €.

Chocolat

Glacier 36 Plan C3

Un glacier-salon de thé hyper branché, que les véritables amateurs de chocolat ne rateront sous aucun prétexte. Ici, il se décline en version lait, blanc, aux noisettes, à l'orange, au safran, au piment… Un extraordinaire tour du monde des saveurs, qui saura ravir les papilles les plus exigeantes. Mention spéciale pour le *fondente*, un chocolat noir onctueux grisant d'intensité.

Via G. Boccaccio, 9 • M° Cadorna • ☎ 02 4810 0597 • www.chocolatmilano.it • Lun.-ven. 7h30-1h, sam. 8h-1h, dim. 10h-1h • Cornet 2 boules 3,50 €.

Chiù

Épicerie gourmande 37 Plan C3

Chiù a trouvé une merveilleuse idée : faire déguster sur place les fabuleux produits qui garnissent ses étagères. Vous pourrez croquer dans un sandwich fastueux concocté avec de la pâte à pizza ou dans un plat de lasagnes ou de *pasta* maison. Un régal ! Tout est à emporter ou à consommer sur place, en terrasse quand le temps le permet, au moment du repas ou à l'*aperitivo.*

Via Vincenzo Monti, 32 • ☎02 3940 0694 • www.chiu.eu • Lun.-ven. 9h30-22h30, sam. 10h-22h30 • Paninis 8-11€, plats 12-16€.

Boccondivino

Traditionnel 38 Plan C3

Poussez la porte de ce restaurant et plongez dans l'Italie gourmande ! Pas de carte ici, mais uniquement le menu découverte plus ou moins copieux, où défilent sous vos yeux fromages, charcuteries, deux assortiments de pâtes et desserts, tous servis avec des vins régionaux différents.

Via Giosuè Carducci, 17 • M° Cadorna • ☎02 86 60 40 • www.boccondivino.com • Lun.-ven. 12h30-14h et 20h-23h ; sam. 19h30-23h30 • Menus 45-55€.

Salad House

Bar à salades 39 Plan C3

Ce bar à salades, imaginé par deux Italo-Américains revenus au pays après une enfance new-yorkaise, comblera vos envies de fraîcheur et de verdure ! Vous y composerez votre salade selon vos goûts, à partir d'un vaste choix de produits de grande qualité, ou vous opterez pour une des délicieuses compositions toute faites. Une adresse vraiment recommandable !

Via Sant'Agnese, 14 • ☎366 284 7165 • Lun.-ven. 11h-15h30 • Salades 10-12€ • **Autre adresse :** *via Santa Tecla, 3.*

De Santis

Paninis 40 Plan G7

Ce tout petit bistrot au comptoir en bois et à l'enseigne discrète est souvent pris d'assaut par les étudiants de la voisine Università Cattolica ainsi que par les employés du quartier. La liste de ses paninis légendaires est infinie, avec des garnitures d'une fraîcheur extrême aussi diverses qu'improbables, comme la mozzarella de bufflonne, le pesto, le confit d'oignons, le rosbif, les jambons italiens…

Corso Magenta, 9 • ☏ 02 7209 5124 • www.paninidesantis.it • Lun., jeu. et dim. 12h-23h30, ven. et sam. 12h-0h30 • Panini 6-10 €.

Meucci

Pizzeria 41 Plan G7

Cette toute petite enseigne tient pignon sur rue depuis belle lurette à Milan. Les grands comme les enfants en raffolent, la faute à ses petites pizzas cuites chacune dans leur moule au four électrique, qui tiennent tête haut et fort aux pizzas au feu de bois. En annexe, saucisses et *focaccia*. La pause idéale après une matinée de visite !

Via San Giovanni sul Muro, 18 • M° Cairoli • ☏ 02 8645 0526 • T.l.j. 12h-15h et 19h-23h • Pizzas 5-6 €.

Bars, clubs Sorties

Bar Magenta

Bar 13 Plan C3

Difficile d'imaginer que ce bar tranquille durant la journée se transforme en rendez-vous animé à la tombée du jour. Et pourtant, l'ambiance démarre à l'heure de l'*aperitivo* pour atteindre son comble aux alentours de minuit. L'adresse est connue des *tifosi*, qui s'y rassemblent dans une ambiance surchauffée les soirs de match. Musique live certains soirs à partir de 22h30.

Via Giosuè Carducci, 13 • M° Cadorna • ☏ 02 805 38 08 • www.barmagenta.it • T.l.j. 7h30-2h; aperitivo 17h-21h • Cocktail (+ buffet) 8-12 €.

Hôtels B&B

Atellani Apartments

Appartements Plan C3

De beaux parquets, une décoration parfaite, des flots de lumière naturelle et des fenêtres donnant sur le jardin de la Casa Atellani ou sur les arcades de sa belle cour Renaissance : les six appartements (de 40 m^2 pour 2 pers. à 120 m^2 pour 6 pers.) aménagés dans cette ancienne résidence du XVe s. constituent une oasis de luxe et de raffinement.

Corso Magenta, 65 • ☏ 02 2506 1895 • www.atellaniapartments.com • 200-320 € (minimum 2 nuits).

Palazzo Segreti

Boutique-hôtel Plan G7

Un édifice de la fin du XIXe s. rénové et transformé en hôtel design, dont les 18 chambres et suites jouent la carte du luxe minimaliste. Plancher en bois, murs en ciment, étoffes soyeuses créent un cadre apaisant et feutré.

Via San Tommaso, 8 • M° Cordusio • ☏ 02 4952 9250 • www.palazzosegreti.com • De 250 à 500 €.

Shopping Cadeaux

Spazio Rossana Orlandi

Galerie design 28 Plan B3

Aménagée dans les locaux d'une ancienne briqueterie, cette galerie-magasin est une référence à Milan en matière de mode et de design d'avant-garde. Meubles, installations d'artistes, créations de jeunes designers émergents et icônes du design industriel se côtoient dans une atmosphère aussi joyeuse que fascinante. Coup de cœur pour les bancs en tuyaux recyclés de Piet Hein Eek, les *Meeting Chairs* de Laurence Humier, les tables en verre ou en pierre de Cypraea ou les appliques-livres de JamesPlumb. Les prix relèvent de ceux d'œuvres d'art…

Pasticceria Marchesi

Via Matteo Bandello, 14 • M° Conciliazione • ☏ 02 467 44 71 • http://rossanaorlandi.com • Lun.-ven. 10h-19h (sur r.-v.); fermé en août.

Libreria dello Spettacolo

Librairie 29 Plan C3

Paradis des amateurs de cinéma, de théâtre, de musique, de danse, mais aussi de radio ou de télévision, cette librairie entièrement consacrée aux arts du spectacle est un lieu magique où se côtoient beaux livres, essais, biographies, scénarios, livrets d'opéra, revues et affiches anciennes.

Via Terraggio, 11 • M° Cadorna FN • ☏ 02 8645 1730 • www.libreriadello spettacolo.it • Mar.-sam. 10h30-18h30; fermé sam. en juil.

Pasticceria Marchesi

Pâtisserie 30 Plan G7

Incontournable au moment des fêtes de Noël, cette pâtisserie est connue pour fabriquer depuis 1824 les meilleurs *panettoni* de Milan, ces brioches aux fruits confits, aux raisins secs et aux zestes d'agrumes vendus dans une boîte en carton. Pas d'inquiétude si votre séjour ne se déroule pas en hiver, car les *panettoni* sont vendus ici toute l'année. Le cadeau parfait à ramener dans votre valise !

Via Santa Maria alla Porta, 11 • M° Cairoli • ☏ 02 86 27 70 ou ☏ 02 87 67 30 • www.pasticceriamarchesi.com • Mar.-sam. 7h30-19h30, dim. 8h30-19h30 • Panettone 35 €/kg.

LE MEILLEUR DU DESIGN ABORDABLE

Pas besoin d'être un dénicheur de tendances et de participer à la Design Week pour trouver son bonheur à Milan. La ville recèle encore quelques boutiques où se faire plaisir sans se ruiner. Audacieux ou minimaliste, chaque objet apportera un je-ne-sais-quoi d'avant-garde à votre intérieur !

Spazio Rossana Orlandi

Alessi

Des objets ludiques et colorés pour égayer cuisines et salles de bains.

Quartier 2, p. 48.

Spazio Rossana Orlandi

Un espace éclectique entre musée et bazar, qui expose de jeunes créateurs talentueux.

Quartier 4, p. 74.

Lisa Corti

Un temple du textile sur lequel flotte un charmant petit parfum d'Orient.

Quartier 6, p. 95.

Rinascente

Le rayon design du grand magasin offre une mine d'idées pour relooker votre intérieur.

Quartier 1, p. 36.

Bialetti

L'icône mondiale de la cafetière déclinée sous toutes les formes !

Quartier 1, p. 37.

Tenoha

On craque pour les mille objets design de ce concept store japonais aux prix doux.

Quartier 8, p. 112.

High Tech

L'Ikea milanais version design ! Ici, les objets originaux allient esthétique et fonctionnalité.

Quartier 9, p. 134.

AUTOUR DU CASTELLO SFORZESCO

5

Malgré les hauts murs en brique qui semblent l'isoler du reste de la ville, le vaste château Sforzesco est étroitement lié au quotidien des Milanais, qui le traversent comme s'il s'agissait d'une simple place. Il trône au cœur d'un quartier bien vivant auquel on parvient après avoir arpenté la via Dante, piétonne et commerçante, et affronté la circulation automobile plutôt dense du Foro Buonaparte.

Castello Sforzesco

1 Castello Sforzesco et ses musées✦✦

Les seigneurs de Milan ne badinaient pas avec la sécurité ! Vous le constaterez au premier regard sur la forteresse qui servit de résidence aux Visconti puis aux Sforza, entre le XIVe et le XVIe s. Ses puissants remparts sont l'œuvre de Léonard de Vinci, qui excellait en matière d'ingénierie militaire. Une visite guidée en petit comité permet d'en faire le tour. Depuis sa considérable restauration au tournant du XXe s., le château accueille une dizaine de musées, dont certains conservent de véritables chefs-d'œuvre.

Les musées du Castello

Le musée dédié à la ***Pietà Rondanini***, ultime et émouvante sculpture de Michel-Ange, et la **Pinacoteca**, avec les toiles de Mantegna, Giovanni Bellini, Titien et Van Dyck, sont deux incontournables.

Vue aérienne du Castello Sforzesco et du Parco Sempione

Les appartements privés des ducs de Milan renferment le **Museo d'Arte Antica,** consacré à la sculpture lombarde. N'y manquez pas le monument funéraire de Bernabò Visconti (XIVe s.), l'étendard de Milan (XVIe s.), la superbe Sala delle Asse que de Vinci décora d'une tonnelle en trompe-l'œil (v. 1498) et la Cappella Ducale.

On s'arrêtera devant l'une des pièces maîtresses du **Museo dei Mobili e delle Sculture Lignee** : le Coretto di Torchiara (XVe s.), un cabinet de bois qui servait aux nobles à assister incognito aux offices religieux. Admirez aussi les créations du designer Ettore Sottsass (1917-2007).

On visite enfin le **Museo delle Arti Decorative,** qui regorge d'objets du Ve s. (pour les plus anciens) au XXe s., et le **Museo degli Strumenti Musicali,** qui présente une quantité impressionnante d'instruments à cordes et à vent, du XVe s. à nos jours.

Piazza Castello • ☎ 02 8846 3703 • www.milanocastello.it • Accès libre à la place et cours intérieures t.l.j. 7h-19h30.
Musées : *mar.-dim. 9h-17h30; fermé 1er janv., 1er mai et 25 déc. • Entrée 5€; gratuit les 1er et 3e mar. du mois à partir de 14h et les 1er dim. du mois.*
Visite guidée *(tour des remparts) avec Ad Artem : 17€ (résa obligatoire ; achat en ligne sur www.adartem.it ou au ☎ 02 659 7728).*

2 Museo d'Arte e Scienza✦

Si vous disposez de peu de temps, négligez les salles du rez-de-chaussée, consacrées à Léonard de Vinci, pour vous concentrer sur le parcours didactique du sous-sol, où sont révélées les différentes techniques d'authentification des œuvres d'art. À la fin de la visite, vous

Triennale Design Museum

connaîtrez tous les secrets pour distinguer un faux d'un original…

Via Sella, 4 • ☏ 02 7202 2488 • www.museoartescienza.com • Lun., mer. et ven. 10h-18h; mar. et jeu. 14h-18h; fermé sam. et dim. • Entrée 10 €.

3 Studio Museo Achille Castiglioni✦

Pas besoin d'être connaisseur pour apprécier la visite de cet atelier où l'architecte et designer industriel Achille Castiglioni (1918-2002) travailla la plus grande partie de sa vie. Obsédé par la fonctionnalité et le recyclage, il a été récompensé à neuf reprises par le Compas d'or, l'un des plus grands prix internationaux du design. Parmi ses créations les plus célèbres, on peut citer la lampe Arco, le cendrier Spirale, le siège Mezzadro ou le fauteuil Sanluca.

Piazza Castello, 27 • 02 805 36 06 • www.fondazioneachillecastiglioni.it • Visite guidée (résa obligatoire) : mar.-ven. 10h, 11h et 12h; fermé en août • Entrée 15€.

4 Triennale Design Museum✦✦

Édifice aux lignes sobres, le Palazzo dell'Arte fut dessiné en 1933 par Giovanni Muzio, le chef de file du mouvement moderniste Novecento, qui prônait le retour à la pureté des formes classiques. Dans le hall d'entrée, belle mosaïque des *Amazones* de Leonor Fini et Achille Funi, et, au 1er étage, la galerie accueillant les expositions temporaires du Triennale Design Museum. Le Design Café, éclairé par des flots de lumière naturelle, est très prisé des Milanais (voir ci-dessous).

Palazzo dell'Arte, viale E. Alemagna, 6 • 02 7243 4208 • www.triennale.org • Mar.-dim. 10h-20h • Entrée 8-12€ pour une seule expo; 16€ pour toutes les expos.

Torre Branca dans le Parco Sempione

5 Parco Sempione✦

Espace vert favori des Milanais, cet immense parc est délimité par le Castello Sforzesco, la **Torre Branca**, un belvédère en

Pause design : Triennale Design Café

Dans le vaste hall de la Triennale, un café avec vue sur le Parco Sempione (et en première ligne, sur les curieuses statues réalisées par Giorgio De Chirico) pour une pause à l'enseigne du design. On y déjeune de salades, quelques plats du jour bien italiens, smoothies, café et l'incontournable *aperitivo*. À l'étage, le restaurant Terrazza Triennale offre depuis son rooftop une vue imprenable sur le parc et, sans surprise, une carte beaucoup plus chère.

42 Plan C2 • *Palazzo dell'Arte, viale Alemagna, 6 • 02 2305 8245 • www.triennale.org • Mar.-sam. 11h-20h; fermé en août • Plats 10-16€, cocktails 10€.*

L'Arco della Pace au bout du Parco Sempione

acier projeté en 1933 par Gio Ponti, l'**Arco della Pace**, élevé en l'honneur de Napoléon Ier, et l'**Arena civica Gianni Brera**, un stade construit en 1806. Les plus jeunes apprécieront sûrement le petit **aquarium** installé dans un bel édifice Liberty.

Les Milanais aiment le Parco Sempione pour y faire leur jogging ou y prendre un verre à la terrasse du petit bar qui sert des boissons fraîches tout l'été. Les couples ne manqueront pas, en gage d'amour éternel, d'aller s'embrasser sur le **ponte delle Sirenette**, un petit pont de fer datant de 1842.

Torre Branca : *02 331 41 20 • Horaires variables selon saison, consultez www.fps-eventi.it • Entrée 6 €; durée accès 6/7 min.*
Acquario civico : *02 8846 5750 • www.acquariodimilano.it • Mar.-dim. 10h-17h30 • Entrée 5 €, gratuit le 1er dim. du mois et les 1er et 3e mar. du mois à partir de 14h.*

Restos | Bars | Hôtels | Shopping | Activités

Restos Bistrots

Locanda alla Mano

Bistrot 43 Plan C2

Géré par une coopérative s'occupant de réinsertion sociale, ce joli kiosque coloré, écologique et pimpant surgit au beau milieu du Parco Sempione. On s'y installe en terrasse ou en salle, du petit déjeuner à l'apéritif, pour déguster café, croissants, paninis, *focaccia*, salades ou glaces, envoûté par le chant des cigales. Un bel endroit pour une pause rapide comme pour un moment de lecture dans un cadre champêtre. Concert live à la belle saison.

Piazza del Cannone • 328 656 8094 • Mar.-dim. 8h-22h (oct.-avr. : jusqu'à 20h) • Panini 4 €, salades 8 €, spritz 5 €.

Bars, clubs Sorties

Just Cavalli

Club 14 Plan C2

Talons vertigineux, décolletés plongeants, costumes cintrés et chemises satinées sont de mise pour se sentir en accord avec l'ambiance ultra-*fashion* de ce restaurant-club tout de verre et d'acier, devenu l'un des hauts lieux de la *movida* milanaise. Fondé par le styliste Roberto Cavalli, il s'emplit d'une clientèle branchée dès l'heure de l'*aperitivo*. En été, piste de danse en plein air.

Viale Luigi Camoens, au pied de la Torre Branca • M° Lanza • 02 31 18 17 • https://justcavallimilano.com/club/ • T.l.j. 19h30-5h (après 23h, DJ et danse) • Entrée (+ conso) : 30 € le w.-e. et à partir de 15 € en semaine • Résa fortement conseillée.

Old Fashion

Club 15 Plan C2

À l'intérieur du Palazzo dell'Arte, qui borde le Parco Sempione (le même bâtiment qui accueille le Triennale Design Museum), voilà une adresse incontournable de la *nightlife* milanaise.
Old Fashion organise chaque semaine des soirées pour tous les goûts, des nuits mondaines du samedi aux soirées étudiantes du mercredi. Le lieu étant particulièrement prisé, il est indispensable de réserver.

Just Cavalli

Viale Camoens, 1 • M° Cadorna • ☎329 011 8343 • www.oldfashion.it • Mer. 20h-4h; jeu.-sam. 23h-5h • Entrée 20-30 € (avec conso) • Résa indispensable.

Bar Bianco

Bar 16 Plan C2

Entouré par la verdure du Parco Sempione, le kiosque le plus célèbre de Milan est depuis longtemps une institution des soirées d'été milanaises. Ouvert jour et nuit, il rappelle, chaque soir, des troupeaux de fidèles de l'*aperitivo*. Sur deux niveaux avec une belle terrasse à l'étage, l'ambiance est toujours au rendez-vous, notamment grâce à sa bonne musique.

Parco Sempione, viale E. Ibsen, 4 • M° Lanza • ☎02 8699 2026 • www.barbiancomilano.com • T.l.j. 9h-1h (2h ven.-sam.) • Cocktails 10-15 €.

Hôtels B&B

Casa Calicantus

Chambres d'hôtes Plan B2

Du côté du Parco Sempione, six chambres d'hôtes coquettes et accueillantes dans une jolie maison de la fin du XIXe s. De grandes cheminées en pierre donnent le ton dans le décor classique et harmonieux de l'ensemble. Accueil sympathique et bon petit déjeuner.

Via Macchiavelli, 8 • M° Cadorna • ☎338 775 6211 • www.casacalicantus.it • De 80 à 110 €.

Activités Détente

Visite de la ville en Segway

Au départ du Castello Sforzesco, profitez d'une visite commentée de la ville sur un mode ludique, puisque vous circulez à bord d'un Segway, un drôle d'engin motorisé à deux roues (que vous apprivoiserez sans peine). La promenade de 3h30 vous arrête devant les monuments les plus emblématiques de Milan. Idéal pour une première approche… et sans vous fatiguer !

☎02 3650 4313 • www.getyourguide.fr/milan-l139/milan-visite-historique-de-35-heures-en-segway-matin-t117639/ • Durée 3h30 • Prix 75 € • Commentaires audioguidés en français possibles.

Neiade

Apéritif en altitude

Envie d'un apéritif pas comme les autres ? Grimpez au sommet de la Torre Branca pour profiter d'un verre en contemplant une vue époustouflante à 360° sur Milan. Le tout accompagné d'un guide qui saura vous amuser en racontant toutes sortes d'histoires sur la ville et ses habitants.

Neiade Tours & Events : piazza Castello, 5 • ☎02 3656 5694 • www.neiade.com/tour-experience/tour-guidati/aperitivo-torre-branca-milano/ • Certains sam. et ven., durée 90 min • Résa obligatoire, entrée 36 € (montée en ascenseur incluse).

NOTRE TOP SPÉCIAL ENFANTS

Pas toujours facile d'occuper la jeune classe lorsqu'on visite un pays étranger ! Qu'ils aient une âme d'aventurier, de vétérinaire ou d'apprenti sorcier, voici une sélection d'activités à Milan et autour des lacs qui devraient facilement éveiller leur curiosité ou dégourdir leurs petites jambes.

Museo della Scienza e della Tecnologia

Des parcours interactifs variés sur l'alimentation, les transports, les particules élémentaires, l'espace…

Quartier 4, p. 69.

Museo delle Illusioni

Les yeux de vos enfants s'y s'écarquilleront de stupéfaction… et probablement aussi les vôtres !

Quartier 9, p. 123.

Parco Pallavicino

Pas moins de 50 espèces animales peuplent les 18 ha du parc.

Lac Majeur, visite 11, p. 151.

Rocca di Angera

Sur les murailles de la forteresse, il n'en faut pas beaucoup pour s'imaginer au Moyen Âge !

Lac Majeur, visite 11, p. 156.

Wonderwood

Un vaste parc d'aventure à 15 min du lac Majeur, pour jouer les acrobates entre les arbres.

Lac Majeur, visite 11, p. 162.

Castello di Vezio

Pour admirer le vol en piqué des rapaces, il faudra grimper pendant 30 min jusqu'aux ruines de ce château fort dressé au-dessus de Varenna et du lac de Côme.

Lac de Côme, visite 12, p. 171.

Museo della Scienza

AUTOUR DES GIARDINI PUBBLICI 6

Poumon vert de Milan, le jardin public est entouré par un entrelacs de larges artères bordées de palais aristocratiques et agencées avec toute une série de ruelles plus intimes, où le style Liberty est roi. Balcon en fer forgé et frises en céramique décorent des immeubles bourgeois, reflet de l'architecture milanaise de la fin du XIXe s. Les prestigieux musées de la Villa Reale (la Galleria d'Arte Moderna et le Padiglione d'Arte Contemporanea) complètent l'ensemble, sans oublier la superbe Villa Necchi.

Palazzo Dugnani

1 Palazzo dell'Informazione✦

Séparée du Quadrilatero della Moda par les **Archi di Porta Nuova**, l'une des deux dernières portes médiévales de Milan, la vaste **piazza Cavour** est dominée par l'imposante silhouette du Palazzo dell'Informazione, édifié entre 1938 et 1942 pour servir de siège au journal fasciste *Il Popolo d'Italia.* Monumental et austère, c'est un véritable manifeste de l'architecture rationaliste. Au-dessus de l'entrée, le bas-relief en marbre illustre les origines et le développement du journal.

Ne se visite pas.

2 Villa Reale✦✦

Construit en 1796, cet immense palais néoclassique devint en 1803 la résidence milanaise de Napoléon et de la famille impériale. L'édifice fait figure d'exception à Milan : sa façade principale est tournée vers l'arrière et ses deux ailes latérales en saillie lui donnent l'air d'une villa de campagne.

Paradis insoupçonné, son magnifique **parc** fut le premier jardin romantique à l'anglaise de la ville. Il est désormais le domaine réservé des enfants : les adultes n'y pénètrent que s'ils accompagnent un enfant de moins de 12 ans !

Via Palestro, 16 • www.gam-milano.com/la-villa • ***Jardin :*** *t.l.j. 9h-19h (nov.-avr. : fermeture à 17h) • Entrée libre.*

Galleria d'Arte Moderna Milano (GAM)++

Aménagée dans les superbes salles de la Villa Reale, cette galerie de peinture et de sculpture est principalement consacrée à l'art italien des XIXe et XXe s. Néoclassicisme, romantisme, Scapigliatura (mouvement des « échevelés » anticonformistes), impressionnisme, divisionnisme : tous les courants sont représentés, avec Andrea Appiani, Francesco Hayez, Giuseppe De Nittis… Admirez également des œuvres de Picasso, Matisse, Van Gogh…

Villa Reale, via Palestro, 16 • 02 8844 5943 • www.gam-milano.com • Mar.-dim. 10h-17h30 • Entrée 10 €.

Padiglione d'Arte Contemporanea (PAC)+

Transformées dans les années 1950 par l'architecte Ignazio Gardella, un représentant du courant rationaliste italien, les anciennes écuries de la Villa Reale sont devenues une importante vitrine de l'art contemporain : sculptures, peintures, photographies, vidéos, performances…

Via Palestro, 14 • 02 8844 6359 • www.pacmilano.it • Mar.-sam. 10h-17h30 (nocturne jeu. jusqu'à 22h30 ; billetterie fermée 1h avant) • Entrée 8 €.

Villa Reale

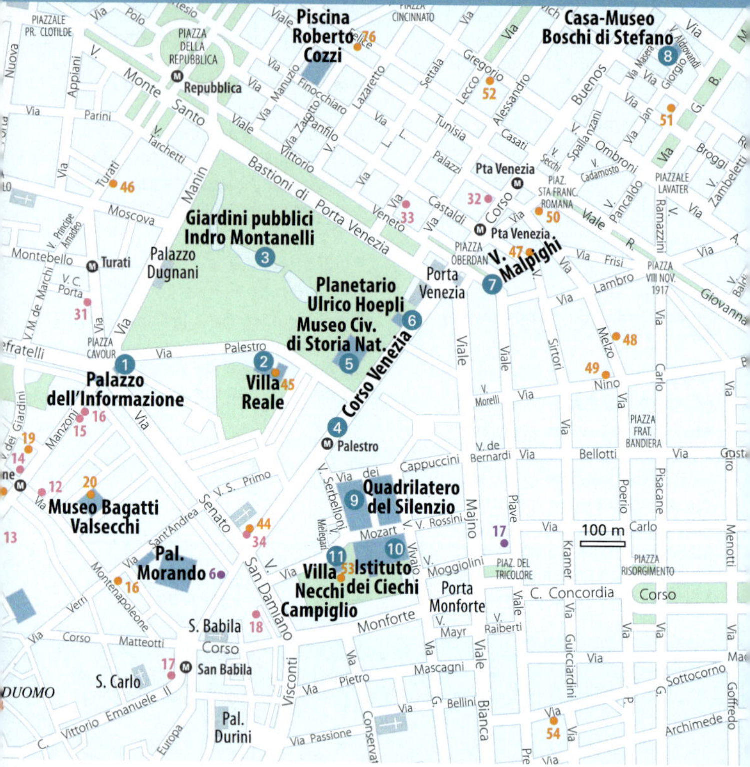

❸ Giardini Pubblici Indro Montanelli✦

Avec son aire de jeux pour enfants, son plan d'eau tout en longueur et ses nombreuses allées, ce parc est très fréquenté par les Milanais tout au long de la semaine. Il fut le premier à ouvrir ses portes au public, dès 1872, d'abord conçu comme un jardin à la française, avant d'être augmenté à la fin du XIXe s. d'un parc à l'anglaise.

En bordure du parc, le beau **Palazzo Dugnani** (fin du XVIIe s.) fut longtemps le siège des mariages civils : les amoureux s'y juraient fidélité dans un décor de fresques peintes par Giambattista Tiepolo. Le palais devrait accueillir le nouveau musée milanais de la mode d'ici 2025.

Juin-sept. t.l.j. 6h30-23h30; mai t.l.j. 6h30-22h; mars-avr. et oct. t.l.j. 6h30-21h; nov.-fév. t.l.j. 6h30-20h.

4 Corso Venezia✦

Une déambulation le long du corso Venezia est une sorte de voyage sur les traces de l'ancienne noblesse milanaise. Admirez d'abord, au nº 10, la **Casa Silvestri** (XIVe s.), de style gothique et Renaissance, puis, un peu plus loin, à l'angle de la via San Damiano, le **Palazzo Serbelloni** (1793), l'un des plus beaux exemples d'architecture néoclassique de la ville.

Au nº 47, le **Palazzo Castiglioni** affiche un pur style Liberty, tandis que, juste à côté, au nº 51, le **Palazzo Bovara** est de style néoclassique et accueillit Stendhal lors de son premier séjour à Milan. Enfin, au nº 40, le **Palazzo Rocca-Saporiti** (1812) est reconnaissable à sa loggia à colonnes ioniques.

5 Museo Civico di Storia Naturale✦✦

Dépaysement garanti dans les salles de ce bel édifice néoroman du XIXe s., peuplées de toutes sortes d'animaux (empaillés !) présentés sous forme de dioramas. Pensez à garder un peu de temps pour la visite de la très belle collection paléontologique, où les fossiles sont mis en valeur comme s'il s'agissait d'œuvres d'art.

Corso Venezia, 55 • ☏ 02 8846 3337 • Mar.-dim. 10h-17h30 • Entrée 5 €, gratuit les 1er et 3e mar. du mois à partir de 14h et le 1er dim. du mois.

Giardini Pubblici Indro Montanelli

6 Planetario Ulrico Hoepli✦

Aussi originale que séduisante, cette curieuse architecture néoclassique semblable à un Panthéon miniature a vu passer bien des écoliers sous sa coupole. En réalité, elle ne date que des années 1930, offerte par l'éditeur Ulrico Hoepli à la Ville de Milan pour que tous les Milanais puissent découvrir les étoiles et les constellations. Une expérience fascinante (et un brin romantique) pour tous les âges !

Corso Venezia, 57 • ☏ 02 8846 3340 • https://lofficina.eu/ • Séances jeu.-dim., selon calendrier • Entrée 5 €.

7 Via Marcello Malpighi✦✦

De l'autre côté de la Porta Venezia, de style néoclassique, cette rue abrite deux des plus beaux édifices Liberty de la ville (voir p. 98).

Au nº 3, la **Casa Galimberti** (1902-1905) se repère à sa belle façade en céramique peinte, où de gigantesques figures féminines évoluent au milieu d'une luxuriante végétation.

Au nº 12, la **Casa Guazzoni,** toute de ciment et de fer forgé, est pour sa part ornée de têtes de femmes, de petits amours et de frises végétales sculptés.

Casa Galimberti

8 Casa-Museo Boschi di Stefano✦

Une surprenante collection de peinture italienne du XXe s., léguée à la Ville de Milan par les époux Boschi di Stefano. Exposés dans un bel immeuble Liberty – qui fut la demeure du couple –, les œuvres et le mobilier reflètent encore le style de vie d'une belle maison bourgeoise d'autrefois. Ne passez pas à côté des troublantes œuvres métaphysiques de De Chirico ainsi que des *Concetto spaziale* de Fontana.

Via Girogio Jan, 15 • ☎ 02 8846 3614 • www.fondazioneboschidistefano.it • Mar.-ven. 10h-17h30, fermé 1er janv., 1er mai, 15 août et 25 déc. • Accès libre.

9 Quadrilatero del Silenzio✦✦

Il porte bien son nom, ce petit coin de ville enveloppé dans un silence ouaté. Et il réserve aussi de belles découvertes ! C'est l'œil aux aguets qu'il faut s'y promener pour apprécier sa formidable extravagance architecturale.

Quelques perles à ne pas manquer : la **Casa Berri-Meregalli** (via Cappuccini, 8), summum de l'éclectisme et de l'exubérance décorative ; le jardin du **Palazzo Invernizzi**, au nº 9 de la même rue, où l'on aperçoit des flamants roses en liberté ; le **Palazzo Fidia** (via Melegari, 2) ; ou encore la grande oreille en bronze qui servait d'interphone à l'immeuble du nº 10 de la via Serbelloni.

10 Istituto dei Ciechi Dialogo Nel Buio✦

Loin d'être un voyage au cœur des ténèbres, l'Institut des aveugles « Dialogue dans le noir » propose en réalité un parcours vers notre lumière intérieure, une découverte de nos propres sensations : 1h15 de déambulation dans l'obscurité sous la tutelle d'un Cicéron aveugle, qui nous entraîne dans un univers sensoriel fascinant. Une expérience inoubliable.

Via Vivaio, 7 • ☎ 02 7722 6210 • www.dialogonelbuio.org • Visite guidée (1h) sur résa : mar.-dim. • Entrée 18 €.

11 Villa Necchi Campiglio✦✦✦

Au cœur d'un très beau jardin agrémenté d'une piscine et d'un court de tennis, cette villa est probablement le plus pur exemple de style rationaliste. C'est une œuvre d'art à part entière : le moindre meuble, le moindre ornement a été conçu ou sélectionné par l'architecte milanais Piero Portaluppi.

Extérieur de la Villa Necchi Campiglio

L'harmonie du rationalisme

Représentative de la haute bourgeoisie industrielle, férue de luxe et de modernité, la famille Necchi Campiglio décida, au début des années 1930, de se faire construire une maison en accord avec son mode de vie. Conformément aux nouveaux

Pause déjeuner : Il Nuovo Principe

Ce traiteur-rôtisseur tient pignon sur rue depuis 1973, mais ce n'est que depuis 2013 qu'il sert des plats cuisinés (6-15 €) à toute heure de la journée sur quelques petites tables disposées en boutique. Légumes grillés, poulet pommes de terre, pavé de saumon et pâtes du jour, sans oublier des fromages sélectionnés des meilleurs producteurs italiens.
Idéal pour une pause saine et rapide à la mi-journée.

44 **Plan I6** • *Via Senato, 2 (angle corso Venezia)* • *☎ 02 7600 0265 • www.ilnuovoprincipe.it* • *Lun.-sam. 8h-19h30.*

Villa Necchi Campiglio

principes du rationalisme, l'architecte Piero Portaluppi dessina une maison fonctionnelle aux lignes pures et sobres, dont se dégage une impression de cohérence et d'harmonie.

Le beau et l'utile

Pour ne pas rompre l'équilibre des volumes tout en assurant un confort maximal, l'architecte se chargea aussi de la décoration intérieure et de la conception des meubles. Remarquez le motif du losange, décliné sur tout type de support. Dissimulé derrière de superbes grilles en cuivre, un chauffage central garantissait une température constante dans toutes les pièces. Un système de fermeture automatique des fenêtres et des portes transformait la maison en un véritable coffre blindé en un temps record.

Une maison-musée

Parmi la collection de peintures et de sculptures, ne manquez pas, dans le hall, *La Famille du berger* de Mario Sironi (1929) et *L'Amante morte* d'Arturo Martini (1921), ni, dans le salon, *Oreste et Électre* par De Chirico (1923). Au 1er étage se trouve la collection Alighiero e Emilietta De' Micheli, qui rassemble des tableaux (Canaletto, Tiepolo...) et des objets d'art du XVIIIe s.

Appartements privés

Ils occupaient le 1er étage et étaient réservés à la famille, aux invités et à la responsable de la garde-robe, la seule des domestiques à résider à l'étage des patrons. La chambre matrimoniale et celle de Nedda furent décorées au lendemain de la guerre dans un style classique par Tomaso Buzzi, qui remplaça le mobilier d'origine par des antiquités. Dans la salle de bains de Nedda, une gravure de Chagall et une aquarelle de Filippo de Pisis rappellent la passion de la jeune femme pour l'art contemporain.

Via Mozart, 14 • ☏ 02 7634 0121 • https://fondoambiente.it/luoghi/villa-necchi-campiglio • Vis. guidée sur résa : mer.-dim. 10h-18h • Entrée 14 €.

Restos | Bars | Hôtels | Shopping | Activités

Restos Bistrots

Lù Bar

Cafétéria 45 Plan I6

La cafétéria de la Galleria d'Arte Moderna Milano (GAM) sent bon la Sicile : dans l'ancienne orangerie de la Villa Reale, on s'installe dans un délicieux jardin d'hiver avec terrasse, décoré de plantes vertes et de mobilier d'extérieur, pour s'offrir un smoothie, un jus ou des pâtisseries. À l'heure du repas, place aux meilleures spécialités de Sicile, préparées de manière raffinée.

Via Palestro, 16 • M° Palestro • ☎ 02 8352 7769 • www.lubar.it • T.l.j. 8h-minuit (dim.-lun. jusqu'à 23h) • Plats 16-30 €, dolci 4-9 €.

Biancolatte

Biancolatte

Cafétéria-boutique 46 Plan D2

Voilà une adresse de charme où l'on vient à toute heure. Comme son nom l'indique, le blanc y règne en maître, rehaussé par le vert des plantes et la blondeur des boiseries. Au menu, des jus de fruits centrifugés, des brioches, des croissants, des pancakes, des soupes chaudes ou froides, des pâtes fraîches, des tartares de bœuf... N'oubliez pas de flâner dans la partie boutique, où se côtoient jeux pour enfants, bijoux fantaisie, vaisselle...

Via Filippo Turati, 30 • M° Turati • ☎ 02 6208 6177 • www.biancolatte.it • Lun.-ven. 7h30-23h; sam.-dim. 8h-23h • Jus frais 7 €; salades et poke bowls 10-16 €; pâtes 11-15 €.

Out of the Box

Glacier 47 Plan E2

Un glacier artisanal de dernière génération ! À côté des délicieux parfums à la recette traditionnelle (ricotta et figues, caramel salé, *gianduja*, coco...), vous trouverez toute une gamme de *gelati crudi* (« glaces crues »), sans lactose ni ingrédients d'origine animale :

pistache, noisette, amande, café, chocolat noir, cacahuète salée, mangue, fraise… Un paradis pour les vegans, et pas seulement !

Via Malpighi, 7 • M° Porta Venezia • ☏ 02 3663 7300 • T.l.j. midi-minuit • 2 boules 3,30 €. **Autre adresse :** *corso Lodi, 19.*

Spica

Cuisine du monde 48 Plan E2

Des plantes, des couleurs, des flots de lumière : la décoration de ce spacieux restaurant est une vraie réussite. Elle est à l'image des saveurs fusion surprenantes et délicates qui émoustillent les papilles : *dim sum* aux asperges et châtaignes, carpaccio d'espadon mariné au miel et miso, riz à la betterave et son poulet au curry, guacamole et ses chips de banane verte… Ne manquez pas le sublime brunch du week-end !

Via Melzo, 9 • M° Porta Venezia • ☏ 02 84 57 29 74 • www.spicarestaurant.com • Mar.-ven. 17h30-minuit; sam. 12h30-minuit; dim. 12h30-17h30 • Entrées 5-9 €, plats 13-16 €, brunch 25 €.

Remulass

Bistronomie 49 Plan E2

Baptisée du nom d'un légume oublié, cette nouvelle table milanaise est une perle rare ! Une poignée de tables, une décoration aux tons doux, un accueil adorable et, dans l'assiette, des créations d'une délicatesse exquise : variations de topinambour et pickles de champignons, spaghettis à la tomate fraîche et citron, gnocchis aux orties et à la *n'duja* (saucisse pimentée

Piccola Ischia

calabraise), poulpe à la plancha et sa crème de pop-corn…

Via Nino Bixio, 21 • 02 5251 7356 • www.remulass.it • Lun.-ven. 12h30-15h et 19h-23h • Antipasti 13-16 €, **primi** *14-16 €,* **secondi** *18-23 €.*

Radicetonda

Végétarien

50 Plan E2

Bienvenue dans l'univers vegan de Radicetonda ! Cette enseigne à succès réalise des recettes goûteuses rigoureusement bio, à croquer sur le pouce dans une ambiance « déjeuner de boulot ». Vous aurez 240 choix entre soupes, lasagnes, gratins, quiches, tacos et sandwichs, sans oublier les gâteaux et les confiseries, à déguster avec vins et bières, bio aussi.

Via Spallanzani, 16 • M° Porta Venezia • 02 3673 7924 • www.radicetonda.it • Lun.-ven. 8h30-23h, sam.-dim. 9h30-23h • Plats 15-35 €.

Piccola Ischia

Pizzeria

51 Plan E2

De véritables pizzas napolitaines dans un décor de théâtre des plus kitsch ! *Focaccia* à l'ail et au romarin, *calzone* au jambon et aux champignons, pizza frite à la *provola*, elles sont toutes déclinées en trois tailles, idéal pour en goûter plusieurs. Également quelques propositions sans gluten.

Via G. B. Morgagni, 7 • M° Lima • 02 204 76 13 • www.piccolaischia.com • Lun.-mar. et jeu.-ven. 12h-14h30 et 19h-23h30, sam.-dim. 19h-23h30 • Pizzas 3-13 €; **focaccia** *3 €.*

Gelato Giusto

Glacier

52 Plan E2

Ceci n'est pas un glacier ordinaire mais plutôt un laboratoire de saveurs glacées expérimentales, né de la volonté d'une jeune femme de proposer de la nouveauté. Vittoria, passée par Ladurée et par maintes académies de pâtisserie, marie technique et créativité dans des associations originales : gingembre et citron vert, romarin et crumble au chocolat…

Via San Gregorio, 17 • M° Porta Venezia • 02 2951 0284 • www.gelatogiusto.it • Mar.-dim. 12h-23h; fermé 25 déc.-mi fév. • 2 boules 3 €.

Caffetteria Villa Necchi

Cafétéria

53 Plan E3

Offrez-vous une pause dans le jardin de la Villa Necchi Campiglio. Sous une belle verrière, on se régale de saveurs méditerranéennes raffinées et goûteuses : *tagliolini* de calamars et crevettes, raviolis aux aubergines et *stracciatella*, *cotoletta alla milanese*… Goûtez absolument le *riso giallo al salto*, croquant à souhait.

Via Mozart, 14 • M° Palestro • 02 7634 1516 • www.caffetteriavillanecchi.com • T.l.j. 10h-18h • Plats 15-20 €.

Giacomo Bistrot

Bistronomie

54 Plan E3

La déco feutrée de ce bistrot cossu a quelque chose de français, même si la librairie et les fauteuils

Lisa Corti

en cuir rappellent plutôt un club anglais. Dans l'assiette, en revanche, c'est du 100 % Italie que l'on retrouve. Honneur aux viandes, en grillade, en ragoût ou mijotées, et toujours parfaites. Le tout présenté avec style dans une ambiance chic et décontractée.

Via Paquale Sottocorno, 6 • M° Palestro • ☏ 02 7602 2653 • https://giacomomilano.com • T.l.j. 12h-minuit • Antipasti *18 €,* primi *24 €,* secondi *28 €.*

Bars, clubs Sorties

Nottingham Forest

Bar à cocktails 17 Plan E3

Un bar cosy au style fusion, fait de boiseries, de plantes suspendues, de têtes de Bouddha et de bibelots ethniques qui créent une atmosphère chaleureuse. Du traditionnel mojito au cocktail moléculaire, le choix de boissons est impressionnant. En fin de semaine, il faut souvent faire la queue pour entrer.

Viale Piave, 1 • M° Palestro • ☏ 02 79 83 12 • www.nottingham-forest.com • Mar.-sam. 18h-2h, dim. 18h-1h • Cocktails 10-16 €.

Hôtels B&B

Hotel Fenice

Contemporain Plan E2

Dotées de tout le confort moderne, les 46 chambres de cet hôtel accueillant sont d'un excellent rapport qualité/ prix. Parquet, meubles en bois, climatisation, minibar, Wifi gratuit et coffre-fort dans les chambres supérieures, plus spacieuses.

Corso Buenos Aires, 2 • M° Porta Venezia • ☏ 02 2952 5541 • www.hotelfenice.it • De 175 à 300 €.

Shopping Cadeaux

Kartell

Design 31 Plan I6

Déjà plus de 60 ans d'existence pour cette marque de design, dont les créations ont depuis longtemps dépassé les frontières du pays. La recette de ce succès ? Un savant mélange de technologie, d'innovation, de fonctionnalités, de divertissement et, bien sûr, de glamour, ainsi qu'une gamme de prix qui permet de se faire plaisir avec des objets à partir de 10 €. Évidemment, les prix grimpent avec la taille des meubles.

Via F. Turati, angle via C. Porta • ☏ 02 659 79 16 • www.kartell.com • Lun. 15h-19h, mar.-sam. 10h-19h.

Kartell

Mutinelli

Chapeaux 32 Plan E2

Fondée en 1888, la boutique de ce chapelier légendaire mérite une visite, ne serait-ce que pour en admirer le décor d'origine. Au milieu des pavements, des boiseries et des vitrines d'époque s'exposent des chapeaux en feutre, en tissu, en peau ou en paille, aux lignes classiques ou excentriques. À chacun son occasion.

Corso Buenos Aires, 5 • M° Porta Venezia • ☏ 02 29594 • www.mutinellicappelli milano.com • Lun. 15h-19h30, mar.-sam. 10h-13h30 et 15h-19h30.

Lisa Corti

Tissus et linges 33 Plan E2

Un festival de tissus colorés accueille le visiteur qui entre dans cette merveilleuse boutique de la via Lecco. Ici, les couleurs et l'Orient sont des sources d'inspiration sans fin. Mousselines, cotons et organzas prennent vie, animés par les imprimés colorés dont le design est milanais,

Cuisson de la pizza au feu de bois

mais la réalisation indienne. Aux tissus, rideaux et linge de maison si gais et délicats s'ajoute une charmante ligne de prêt-à-porter femme et enfant.

Via Lecco, 2 • ☏ 02 2940 5589 • www. lisacorti.com • Lun. 15h30-19h30, mar.-sam. 10h30-19h30.

Fornasetti

Déco 34 Plan I6

Trois étages dédiés à l'univers du célèbre designer décorateur milanais, qui a recouvert meubles, papiers peints, assiettes, vases, vêtements et porte-parapluies de dessins noir et blanc style papier journal. Des objets cultes ironiques et iconiques, au surréalisme déroutant.

Corso Venezia 21/a • M° Palestro • ☏ 02 8416 1374 • www.fornasetti.com • Lun. 15h-19h, mar. et dim. 10h-19h, mer.-sam. 10h-20h.

Activités Détente

Accademia di Alice

Fabrication des pizzas

Vous rêvez de percer le mystère d'une pizza réussie ? Inscrivez-vous à l'une des sessions de cette école pour pizzaioli professionnels, qui ouvre gracieusement ses portes aux dilettantes grâce à son opération *Mani in Teglia* (« les mains dans la casserole »). Et, si l'aventure tente aussi vos enfants (7-12 ans), sachez que les ateliers du samedi matin sont réservés aux familles !

Corso Buenos Aires, 77 • www.alicepizza.it/corsi/ • Mar. 18h, sam. 10h30 ; quelques dates supplémentaires sur le site Internet • résa obligatoire longtemps à l'avance par e-mail : corsiaccademia@alicepizza.it • Durée 2€ • Gratuit.

LA FINE FLEUR DES *TRATTORIE MILANESE*

Curieux et avides d'aventures culinaires, les Milanais n'en restent pas moins attachés à leurs traditions gastronomiques : rien à leurs yeux ne saurait remplacer le risotto, l'osso buco ou la *cotoletta alla milanese*, qui continuent de régner en maîtres dans la capitale lombarde. Petit tour d'horizon des meilleures tables de cuisine locale.

Osteria Delbinari

Trattoria Milanese

Une valeur sûre depuis 1933, qui vous régalera de recettes immémoriales dans une ambiance délicieusement désuète.

Quartier 1, p. 32.

Al Matarel

La tradition à l'état pur : risotto, pâtes aux haricots, osso buco… tous répondent présents à l'appel !

Quartier 3, p. 60.

Osteria Delbinari

Le charme d'un repas au jardin, la grâce du Liberty, la maîtrise de la tradition, la qualité du service… *What else ?*

Quartier 8, p. 112.

Antica Trattoria della Pesa

Pour son atmosphère élégante, sa clientèle familiale et son incomparable *risotto al salto* !

Quartier 9, p. 129.

Antica Osteria della Lanterna

Parce qu'on y goûte une cuisine généreuse, comme à la maison, sous le signe de la bonne humeur, de la simplicité et de l'authenticité.

Quartier 10, p. 141.

MILAN, LABORATOIRE D'ARCHITECTURE

La première moitié du XXe s. a vu se succéder à Milan des courants architecturaux quasiment opposés. Plébiscité lors de l'Exposition universelle de 1906, le style Liberty célébra pendant 20 ans le triomphe de la bourgeoisie industrielle, avant d'être soudainement remplacé par une architecture grandiloquente à la gloire du jeune État fasciste.

Casa Galimberti

Les grandes heures du style Liberty

Au tournant du XXe s., l'Art nouveau, avec ses lignes sinueuses, déferle sur l'Europe. Sa version italienne, dite « style Liberty », trouve à Milan un formidable terrain d'expression. C'est l'époque où la bonne société s'éprend d'ésotérisme, de spirituel et d'irrationnel... L'ornementation exubérante et débridée du style Liberty séduit tout particulièrement cette nouvelle bourgeoisie d'affaires, qui y voit le moyen de s'émanciper à la fois des formes du passé et des standards nés de la révolution industrielle.

Laissant libre cours à leur imagination, les architectes Liberty recourent à de nouvelles techniques et de nouveaux matériaux pour créer des formes organiques inspirées de celles de la nature. À Milan, plus qu'ailleurs, les motifs floraux et végétaux se font omniprésents et les façades se parent de mosaïques, de moulures, de céramiques et de fresques colorées.

Les plus belles façades Liberty

Casa Galimberti (via Malpighi) • **Casa Guazzoni** (via Malpighi) • **Ex-cinéma Dumont** (via Paolo Frisi) • **Palazzo Castiglioni** (corso Venezia) • **Casa Campanini** (via Vincenzo Bellini) • **Casa Frisia** (via Guido d'Arezzo) • **Palazzina Liberty** (Parco V. Formentano).

Des façades ostentatoires

Dans les premières années du XXe s., les **alentours du Castello Sforzesco et du corso Venezia** se couvrent de palais à la décoration originale. Entre 1901 et 1904, l'architecte Giuseppe Sommaruga édifie le somptueux **Palazzo Castiglioni** (corso Venezia, 47/49) pour un riche entrepreneur qui voulait s'offrir une résidence dont l'ostentation et l'originalité refléteraient la grandeur. Le pari dépassa ses espérances... à un détail près : les deux sculptures de femmes qui ornaient la façade durent être déplacées en raison du scandale que leur nudité provoqua. Elles sont aujourd'hui visibles dans la cour de la **Villa Romeo Faccanoni** (via Buonarroti, 48).

Le palais devint un véritable manifeste artistique et inspira bon nombre d'autres bâtiments à l'ornementation tarabiscotée. On en a un magnifique aperçu le long de la **via Pisacane** (nº 53 à 57 et nº 12 à 24) et dans les rues adjacentes (G. Modena, Menotti et Castel Morrone).

La réaction rationaliste

Dès le début des années 1920, on assiste au retour d'une architecture raisonnée qui va rejeter toutes ces fantaisies. S'opposant à l'esthétisme du style Liberty, le rationalisme met en avant l'aspect fonctionnel des bâtiments et prône la simplification des formes. Une effervescence s'empare alors de Milan, qui inaugure de grands travaux de réaménagement urbain. Pour servir la propagande fasciste, l'architecture devient monumentale, empruntant des références à l'Antiquité.

Malgré une prétendue indifférence à la forme finale, les constructions rationalistes sont souvent d'une grande harmonie. Avec son alternance de pleins et de vides, la très belle **Casa del Fascio** (1936), à Côme, chef-d'oeuvre de Giuseppe Terragni, est l'une des plus belles réalisations de l'architecture fasciste italienne.

Palazzo di Giustizia

Où voir le Milan rationaliste ?

Palazzo dell'Arengario, Museo del Novecento (piazza Duomo) • **Piscina Roberto Cozzi** (viale Tunisia) • **Palazzo di Giustizia** (via Carlo Fregugli) • **Palazzo dell'Informazione** (piazza Cavour) • **Casa Comoli-Rustici** (Isola) • **Villa Figini** (via Perrone di San Marino).

DE SAN LORENZO À SANT'EUSTORGIO

7

Étrange mélange que ce petit coin de ville où dévots et fêtards se partagent le pavé. Collé à l'ancienne Porta Ticinese du Moyen Âge, ce quartier commerçant est connu, outre pour ses églises, pour être l'un des bastions de la *movida* milanaise. Au centre de ce chassé-croisé, le Parco Papa Giovanni Paolo II sert d'accès au Museo Diocesano, où les œuvres d'art antique côtoient les créations contemporaines.

Basilica San Lorenzo Maggiore, avec la colonnade en premier plan

1 Colonne di San Lorenzo✦

Témoin de l'histoire antique de Milan, la colonnade de San Lorenzo (IIe s.) borde une jolie place. Très calme le matin, elle s'anime progressivement au cours de l'après-midi pour devenir à la tombée de la nuit un véritable salon, où toute la jeunesse milanaise se donne rendez-vous. La prolifération de cafés aux prix abordables et le bel espace piéton délimité par la colonnade expliquent cet engouement.

Dans le prolongement de la colonnade, la **Porta Ticinese Medievale** (XIIe s.) est l'un des derniers vestiges des remparts médiévaux de Milan.

Corso di Porta Ticinese.

2 Basilica San Lorenzo Maggiore✦

Bâtie au IVe s., cette église a connu bien des transformations ! Elle fut réaménagée dans le style roman au XIIe s., coiffée d'une coupole au XVIe s., puis dotée de sa façade actuelle seulement au XIXe s. Vous aurez une belle vue sur l'imbrication de ses structures externes depuis la piazza Vetra, lieu jadis des exécutions publiques. Ne manquez pas les mosaïques (IVe s.) de la **Cappella di Sant'Aquilino.**

Corso di Porta Ticinese, 35 • ☏ 02 8940 4129 • www.sanlorenzomaggiore.com • Lun.-sam. 8h-18h30, dim. 9h-19h • Entrée 2 €.

3 Basilica di Sant'Eustorgio✦✦

Selon la tradition, saint Eustorge, évêque de Milan au IVe s., aurait fait bâtir cette église pour y abriter les reliques des Rois mages. Reconstruite au XIIe s. en style roman, elle contient de nombreux tombeaux funéraires gothiques ou Renaissance.

Arca di San Pietro Martire dans la Basilica di Sant'Eustorgio

La visite de la basilique se poursuit par celle de la splendide **Cappella Portinari,** magnifique exemple d'architecture de la Renaissance lombarde. On y verra des fresques de Vincenzo Foppa (1468) ainsi que l'**Arca di San Pietro Martire,** un magnifique tombeau en marbre

Pause sicilienne : Cannoleria Gourmet

Vous connaissez les célèbres *cannoli* siciliens, ces cylindres de pâte frite généreusement remplis de ricotta, de crème de pistache, de noisette ou de chocolat ? Découvrez-les ici dans une version salée audacieuse : farcis de tartare de saumon à la crème d'avocat, de mortadelle truffée, de patate douce, d'aubergine ou de crevette au marsala. Une innovation aussi étonnante que séduisante, à déguster sur place ou à emporter.

55 Plan C4 • *Corso di Porta Ticinese, 67 • ☏ 328 712 3962 • www.lacannoleriagourmet.it • T.l.j. 11h30-22h30 (ven.-sam. jusqu'à 23h30)* • Cannoli *salés 7,5-10 €;* cannoli *sucrés 3,50-5 €.*

du XIVe s. contenant la dépouille de saint Pierre martyr, célèbre prédicateur du XIIIe s. originaire de Vérone. La sacristie qui précède expose d'autres œuvres consacrées à l'histoire religieuse.

Piazza Sant'Eustorgio, 1 • ☏ 02 5810 1583 • www.santeustorgio.it • T.l.j. 7h30-12h (dim. à partir de 8h40) et 15h30-18h30; pas de visite pendant les offices.
Cappella Portinari : ***☏ 02 8940 2671 • Mar.-dim. 10h-18h • Entrée 6 €.***

④ Museo Diocesano✦✦

Dans le cloître de la basilique Sant'Eustorgio, le musée du Diocèse de Milan mérite bien une visite. Non seulement ses collections d'art liturgique sont belles et précieuses (une partie du trésor de la basilique Sant'Ambrogio est ici conservé), mais, depuis 2011, le musée s'est étonnamment ouvert à l'art contemporain, dans un mariage des genres très réussi. Bon nombre de toiles intéressantes des XXe et XXIe s. ont ainsi rejoint l'ancienne section dédiée aux sculptures de Lucio Fontana.

Corso di Porta Ticinese, 95 • ☏ 02 8942 0019 • www.museodiocesano.it • Mar.-dim. 10h-18h (billetterie fermée 30 min avant); fermé 1er janv., 1er mai, 24 et 25 déc. • Entrée 6 € (billet combiné avec l'accès à la chapelle Portinari à Sant'Eustorgio).

Restos Bistrots

Cantina della Vetra

Traditionnel 56 Plan C4

Nappes à carreaux, mobilier rustique, cette enseigne joue la carte de l'esthétique populaire pour un résultat plutôt pittoresque et un brin romantique. Les spécialités d'Émilie-Romagne et lombardes se partagent la carte, avec charcuterie et fromage en entrée, raviolis, *tortelli* et *paccheri* pour suivre, tartares et rôtis pour enchaîner, tiramisu, tarte aux pommes et *gelato* pour terminer.

Via Pio IV, 3 • 02 8940 3843 • www.cantinadellavetra.it • T.l.j. 12h-minuit • De 25 à 45€.

Benvenuto Family Restaurant

Spécial familles 57 Plan D4

Vos enfants ne tiennent pas en place au restaurant ? Celui-ci les accueille avec des menus adaptés, des coloriages et une aire de jeux qui permettra aux adultes de profiter sereinement de leur repas. Dans l'assiette, des pizzas, des pâtes et des salades, mais, le soir, la carte se fait plus élaborée, avec également des planches d'antipasti, du risotto, des côtes de veau à la milanaise et une belle sélection de grillades et de poisson. À essayer, la *farinata*, galette à la farine de pois chiche, typique de Ligurie.

Via Fernanda Wittgens, 6/B • 02 8410 0698 • www.benvenutofamilyrestaurant.it • T.l.j. 12h-14h30 et 19h-22h30 • Menu du midi 7-10€, pizza 6-11€, primi *10-14€,* secondi *14-24€.*

Mascherpa

Pâtisserie à tiramisu 58 Plan C4

Un peu de douceur ne saurait nuire ! Alors, comment résister au roi des desserts italiens, le célèbre tiramisu ? Dans cette pâtisserie monomaniaque, il se décline en trois tailles et en multiples saveurs : pistache, Nutella, noisette, thé matcha, fruits des bois… et même en version vegan ! Le tout religieusement concocté à la main à base de produits de première qualité. En accompagnement, offrez-vous un délicieux café colombien ou rwandais.

Via Edmondo de Amicis, 7 • 02 4140 7919 • www.mascherpatiramisu.com • Lun.-sam. 10h-22h, dim. 12h-21h • Tiramisu 4-6€.

Pizzeria del Ticinese

Pizzeria 59 Plan C4

La petite adresse simple et parfaite qui ne déçoit jamais ! Au cœur de l'une des artères clés de la *nightlife* milanaise, les restaurants ne désemplissent pas jusqu'à tard dans la nuit, et celui-ci en particulier, pour son accueil chaleureux, ses pizzas fines et bien garnies cuites au feu de bois et ses petites tables en marbre vert qui invitent à s'asseoir.

Corso di Porta Ticinese, 65
• M° Sant'Ambrogio • 02 8940 2970
• Mar.-dim. 12h-14h30 et 19h-minuit
• Pizzas 7-13 €.

MAG La Pusterla

Brasserie 60 Plan C4

Véritable îlot de tranquillité au milieu du trafic milanais, cette brasserie-bar à cocktails affiche boiseries, tables en marbre et couleurs chaudes à l'intérieur, et une jolie tonnelle avec sa glycine en terrasse. Les Milanais y prennent leur pause aussi bien le temps d'un *cappuccino e brioche* le matin que pour croquer une assiette de risotto à midi ou boire un verre le soir, accompagné de délicieuses tapas à l'italienne.

Via Edmondo de Amicis, 22
• M° Sant'Ambrogio • 02 4975 5094
• https://farmilygroup.com/locali/mag-la-pusterla/ • Lun.-ven. 8h-2h, sam.-dim. 9h-2h
• Tapas 5-10 €, plats 12-20 €, cocktails 8-12 €.

Pasticceria Cucchi

Pasticceria 61 Plan C4

Témoin de l'histoire milanaise depuis 1936, cette pâtisserie historique a séduit intellectuels et hommes d'affaires à coups de tranches de gâteaux au chocolat et de brioches à la crème. L'un des musts milanais pour une pause-café (comme pour un apéritif de qualité). Le *budino di riso* (tartelette au riz) est tout simplement divin.

MAG La Pusterla

Corso Genova, 1 • M° Sant'Agostino • ☎ 02 8940 9793 • www.pasticceriacucchi.it • Mar.-dim. 7h30-21h30 • Cappuccino 3 €, brioches 2-3 €.

Zio Pesce

Produits de la mer 62 Plan C4

Des embruns iodés soufflent sur ce restaurant où seuls les produits de la mer ont leur place. Dans une ambiance pimpante et animée, on s'y régale d'huîtres (possibilité de les choisir à l'unité pour une vraie dégustation comparative), de tartares de thon, de seiche ou de crevette, de pâtes au homard, de risotto aux fruits de mer et, bien sûr, des délicieux poissons du jour. La carte se renouvelle tous les mois.

Via Cicco Simonetta, 8 • ☎ 02 5810 9145 • www.ziopesce.com • Lun.-sam. 19h-minuit • Plateaux de fruits de mer à partir de 35 €; huître à l'unité 3,40-5,50 €; primi *18-30 €;* secondi *21-45 €.*

Osteria Sant'Eustorgio

Traditionnel 63 Plan C4

Un cadre idyllique donnant sur la place de la basilique romane de Sant'Eustorgio, dont on peut contempler la façade illuminée la nuit depuis la terrasse. On déguste ici une honnête cuisine italienne à base de viande ou de poisson : spaghettis *cacio e pepe* (pecorino et poivre), friture et grillade de poisson, côte de bœuf.

Piazza Sant'Eustorgio, 6 • M° Porta Genova FS • ☎ 02 5810 1396 • www.sant-eustorgio.it • T.l.j. 12h30-15h et 19h-23h30 • Antipasti *12 €,* primi *14 €,* secondi *22 €.*

Bars, clubs Sorties

The Doping Club

Bar à cocktails 18 Plan C4

Club anglais ou *American bar*? On est sous le charme de ce lieu chaleureux dans la cour de l'hôtel Aethos, où tout évoque l'esprit voyage. Entouré de malles anciennes et assis dans des fauteuils club, on savoure d'excellents cocktails rappelant des saveurs des années 1950. À tester : le Cachucas (tequila, mezcal, amaretto, lait clarifié) ou le Barrel Ages (mezcal, negroni, Campari et vermouth). Petits concerts de jazz régulièrement au calendrier.

The Yard Hotel, Piazza XXIV Maggio, 8 • ☎ 02 8941 5901 • www.aethoshotels.com/milan/the-doping-bar/ • T.l.j. 17h-1h (ven.-sam. jusqu'à 2h) • Cocktails 16 €.

Le Biciclette

Bar-galerie d'art 19 Plan C4

Ouvert dans un ancien magasin de vélos, cet *art bar* porte bien son nom ! L'endroit fait office de galerie d'art et propose régulièrement des expositions de peinture, de photos, etc. La musique est bonne, l'ambiance est chaleureuse, et les cocktails plus que corrects. On y retourne avec plaisir !

Via Giovanni Battista Torti, 2 • M° San Ambrogio • ☎ 02 5810 4325 • www.lebiciclette.com • T.l.j. 18h-2h, aperitivo *18h-21h • Cocktail à partir de 8 €.*

Il Tasca

Bar à tapas 20 Plan G8

Saveurs d'Espagne au Tasca, où sangria et tapas remplacent, dans une ambiance festive, les amuse-gueules classiques de l'*aperitivo* milanais. Un beau comptoir nous invite vers la petite salle du fond, plus intime, où d'alléchants jambons ibériques pendent du plafond. On grignote avec appétit ces petites tartines de poulpe, de légumes marinés, de carpaccio et de charcuterie, en oubliant presque que l'on est à 100 m de la Porta Ticinese.

Corso di Porta Ticinese, 14 • ☏ 02 837 69 15 • www.iltasca.it • Mar.-dim. 18h-1h • Verre de vin ou de sangria 6 €.

Hôtels B&B

Ostello Bello

Auberge de jeunesse Plan G8

Une adresse bien placée et d'un bon rapport qualité/prix, qui marie fonctionnalité et convivialité. Jeune et colorée, cette auberge de jeunesse propose des dortoirs, des chambres doubles et d'autres à 4 lits. Des apéritifs et des brunchs sont organisés chaque semaine. Trois jolies terrasses où se poser dans des hamacs.

Via Medici, 4 • M° Missori • ☏ 02 3658 2720 • www.ostellobello.com • Dortoir 55-60 €, chambre double 230 €.

Shopping Cadeaux

Fate I Capricci

Jouets 35 Plan G8

Son nom signifie littéralement « faites des caprices », incitation peu recommandable pour vos enfants, qui risquent bien en revanche de prendre l'injonction au pied de la lettre afin de ne pas ressortir de la boutique les mains vides ! Des jouets en bois, des poupées, des peluches, un univers de Playmobil, des marionnettes et des dînettes… Magique !

Via Lanzone, 7 • M° Sant'Ambrogio • ☏ 02 80 44 53 • www.fateicapricci.it • Lun.-ven. 9h-13h30 et 14h-19h, sam.-dim. 9h-13h30 et 14h30-19h.

Foto Veneta Ottica

Lunettes 36 Plan G8

Entre musée et boutique, c'est l'adresse des amateurs de lunettes qui veulent échapper aux modèles trop conventionnels. On peut s'y offrir une monture ovale de la fin du XIXe s., une paire en forme de papillon des années 1950, des cercles métalliques à la John Lennon ou des lunettes de soleil surdimensionnées des années 1970. Certaines vitrines sont réservées à la formidable collection privée de la famille, qui rassemble de vieux appareils photo, des jumelles de théâtre en ivoire ou en nacre, toutes sortes de binocles et une incroyable variété de lunettes.

Foto Veneta Ottica

Via Torino, 57, 1er étage • M° Missori ou Duomo • ☎ 02 805 57 35 • www.fotovenetaottica.com • Lun.-sam. 10h-19h • De 80 à 400 €.

Mauro Leone

Chaussures 37 Plan C4

Le paradis des amoureuses de chaussures : de toutes les couleurs et les formes possibles, bottes, ballerines, sandales et compensées de fabrication artisanale 100 % *made in Italy*. Prix plus qu'honnêtes.

Corso di Porta Ticinese, 103 • M° Sant'Agostino • ☎ 02 5810 5041 • www.mauroleone.com • Lun. 14h30-19h30 ; mar.-sam. 10h30-14h30 et 15h30-19h30.

Calzature Gallon

Chaussures 38 Plan C4

Un petit commerce hors du temps, géré par la même famille depuis des générations. Au premier abord, cela ressemble à un magasin de chaussures de grand-mère et, pourtant, plusieurs de ses modèles sont si classiques qu'ils sont indémodables. Son meilleur article ? Des espadrilles *(friulane* en italien) de toutes les couleurs qui ne dépassent pas les 30 € la paire. En vente également, de jolies chaussures pour enfants.

Piazza Sant'Eustorgio, 4 • M° Sant'Agostino • ☎ 02 8940 2735 • Lun. 15h-19h30, mar.-sam. 9h30-13h et 15h-19h30.

LES NAVIGLI
ET LE DESIGN DISTRICT

8

Anciennement populaire, la zone des Navigli s'est récemment offert un relooking complet pour devenir un haut lieu de la vie nocturne et de la créativité milanaises. Conçus par Léonard de Vinci au XVIe s., ces canaux poétiques offrent un paysage insolite en ville, autour desquels fondations artistiques et boutiques décalées se sont donné rendez-vous. Côté Porta Genova et via Tortona, showroom et ateliers branchés ont permis au quartier de devenir le « Design District » de Milan.

Naviglio Grande

1 La Darsena✦

Le corso di Porta Ticinese débouche sur la piazza XXIV Maggio, où se dressent la **Porta Ticinese**, de style néoclassique, et les bâtiments de l'ancienne douane, qui marquent la porte d'entrée du quartier des Navigli.

À partir de là s'étend la Darsena, bassin de confluence des canaux qui servit de port commercial de 1602 à 1960. D'importants travaux de réhabilitation, en 2015, ont permis à ce quartier désaffecté de redevenir un port de plaisance vivant. Un marché haut en couleur anime désormais ses berges. Vous trouverez largement de quoi vous y restaurer avec de l'excellente street food à l'italienne.

2 Les Navigli✦✦

À partir de la Renaissance, et jusqu'au milieu du XXe s., un grand réseau de voies navigables commerciales entourait la ville de Milan et permettait de relier le lac Majeur, le lac de Côme, le bassin du Tessin et la Suisse, afin d'acheminer, entre autres, les produits agricoles vers la ville.

Elles ont été recouvertes pour des raisons d'hygiène et il ne reste aujourd'hui que deux grands canaux, le **Naviglio Grande** et le **Naviglio Pavese**. Le premier fournissait jadis du travail aux lavandières, dont le souvenir flotte toujours sur les pierres usées du vieux lavoir du vicolo dei Lavandai.

Laissez-vous tenter par une promenade le long des quais, pour contempler la beauté des maisons avec leur façade colorée. Pour une balade sur les flots, adressez-vous à la **compagnie Naviga MI**, qui organise des sorties en bateau.

Naviga MI : *Alzaia Naviglio Grande, 4* • *02 867 131* • *www.navigami.com* • *Parcours de 1h sur le Naviglio Grande, la Darsena et le Naviglio Pavese, départ du Pontile Alzaia Naviglio Grande* • *Balade en bateau 19 €; 10 € pour les 5-15 ans* • *Résa conseillée sur le site Internet.*

La Darsena

3 Corte dei Pittori✦

Royaume des chats qui se prélassent et des herbes folles, ces deux cours en enfilade prennent, aux beaux jours, un air bucolique tout à fait charmant. On y musarde

Pause pétanque : Morna

Un recoin du Milan d'autrefois qui mérite d'être découvert et qui sort des sentiers battus : au cœur du Design District, les anciens du quartier se retrouvent encore ici le soir pour une partie de pétanque dans celui qui est peut-être le dernier terrain de boules encore existant en ville. Dépaysement assuré dans le bar vintage et chaleureux, dont on savoure l'ambiance atypique en sirotant un cocktail à l'heure de l'apéro. Quelques belles assiettes également à l'heure du déjeuner.

21 Plan B5 • *Via Tortona, 21 (angle via Bugatti)* • *34 55 89 50 57* • *Lun.-ven. 9h-2h, sam. 18h-2h* • *Bière 5 €, cocktails 7-15 €.*

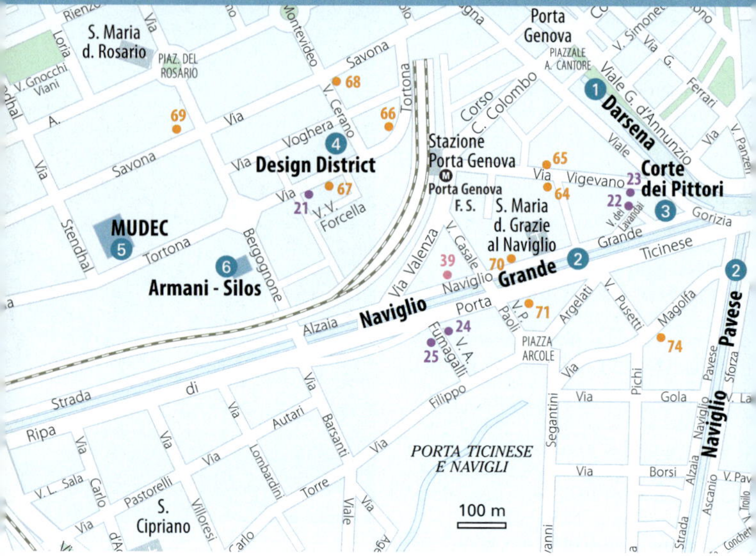

en visitant les ateliers d'artistes qui ont investi le rez-de-chaussée, tout en prenant garde de ne pas donner de la voix, car l'endroit est avant tout un lieu d'habitation.

Alzaia Naviglio Grande, 4 • Avr.-sept. : lun.-ven. 7h-21h, sam.-dim. 7h-22h; oct.-mars : t.l.j. 7h-20h.

4 Design District✦

Après avoir traversé les voies ferrées de la gare de Porta Genova, voilà que s'offre à vous l'un des hauts lieux du design et de la mode de la ville. Galeries et boutiques se concentrent autour des très branchées via Tortona et via Savona. D'anciens hangars industriels accueillent désormais showrooms et lofts tendance. Parmi eux, jetez un coup d'œil au centre culturel **Base** (via Bergognone, 34), installé dans une ancienne usine de trains. Vous y trouverez des espaces d'exposition, un agréable bistrot, une salle de lecture et de travail, une résidence d'artistes ainsi qu'une formidable terrasse végétalisée réservable pour des événements privés.

5 Museo delle Culture (MUDEC)✦

Inauguré en 2015 à l'occasion de l'Exposition universelle de Milan, le Museo delle Culture est vite devenu un acteur majeur dans le paysage muséographique de la ville.

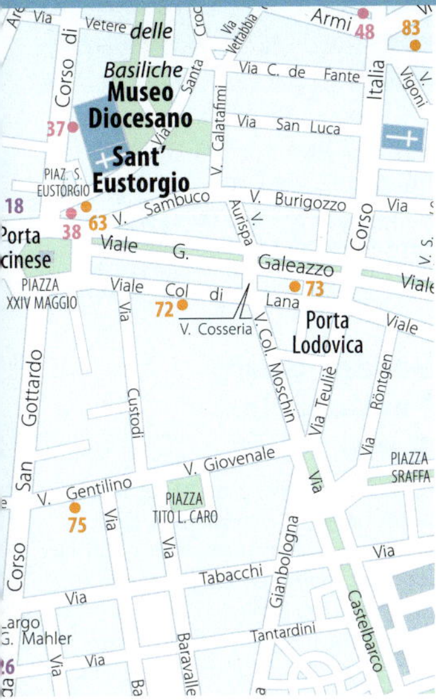

Bouddha du MUDEC

Aménagé sur le site des anciennes usines sidérurgiques Ansaldo, il offre une programmation culturelle riche en expositions thématiques, tournant autour de la rencontre et du dialogue entre les différentes cultures du monde. Aux côtés des expositions temporaires, la collection permanente – qui comprend environ 200 œuvres d'art et objets ethnographiques – est présentée en sept sections (« Exotisme », « Évangélisation », « Conquête », « Grands voyageurs »…).

Via Tortona, 56 • ✆02 54 917 • www.mudec.it • Lun. 14h30-19h30, mar.-dim. 9h30-19h30, nocturne jeu. et sam. jusqu'à 22h30 • Entrée gratuite pour la collection permanente; tarif variable pour les expositions temporaires.

6 Armani – Silos✦

Pour fêter ses 40 ans d'activité en 2015, King Giorgio s'est tout simplement offert un musée ! Cet immense espace, aménagé dans d'anciens silos à céréales, fera chavirer le cœur des amateurs de mode : sur quatre étages et 4 500 m², on y découvre plus de 600 modèles et 200 accessoires créés par Armani, de 1980 à nos jours. Un véritable voyage stylistique, partagé en quatre sections toutes plus envoûtantes les unes que les autres.

Via Bergognone, 40 • ✆02 9163 0010 • www.armanisilos.com • Mer., ven. et dim. 11h-19h, jeu. et sam. 11h-21h • Entrée 12 €.

Restos Bistrots

Latteneve

Glacier 64 Plan C5

Pour beaucoup, le meilleur glacier de la ville ! Les glaces sont faites maison et les parfums sont des plus originaux. Le vaste choix n'aide pas les indécis : pistache salée ou chocolat noir piment-cannelle ? Si vous n'arrivez pas à choisir, essayez les classiques, la fraise et la *stracciatella* sont à tomber. Le plus ? Ils proposent des glaces sans lactose ni gluten.

Via Vigevano, 27 • M° Porta Genova F. S. • 02 3981 1258 • T.l.j. 13h-minuit• Cornet ou coupe 5-6 €.

Tenoha

Japonais 65 Plan C4

Premier concept store japonais d'Europe, ce lumineux espace rassemble un restaurant, une salle de coworking (10 € la demi-journée) et une ravissante boutique, où musarder après s'être régalé d'une salade *pari pari* (crevettes, avocat, pastèque), de fleurs de courgette farcies, d'un magret de canard mariné, de croquettes de crevettes, de sushis, de sashimis ou autres délices d'inspiration japonaise. Selon la météo, optez pour la jolie terrasse-jardin ou la belle salle intérieure (climatisée en été).

Via Vigevano, 18 • 02 8088 9147 • www.tenoha.it • Lun.-ven. 12h-15h et 19h30-minuit; sam.-dim. 11h30-15h30 et 19h30-minuit • Entrées 10-20 €, plats 17-32 €.

Basara Sushi Pasticceria

Sushis 66 Plan B4

L'adresse rêvée pour vivre une authentique « expérience sushi » ! La carte exprime toute la créativité du chef japonais, Hiro : *tataki* de thon, *uramaki* à l'oursin, carpaccio flambé, tartare mixte, sushis, sashimis, chirashis... Sans oublier les plats chauds, comme le *nanban di pollo* (du poulet frit à la sauce aigre-douce), ni les desserts, comme le tiramisu au thé vert ou au sésame noir.

Via Tortona, 12 • M° Porta Genova F. S. • 02 8324 1025 • http://basaramilano.it • Lun.-sam. 18h-minuit • De 15 à 55 € • Résa conseillée.

Osteria Delbinari

Osteria 67 Plan B5

Une très belle adresse avec un décor original où s'affiche un mobilier de style Liberty. L'admiration est au plus haut quand on découvre le jardin d'hiver, l'un des plus agréables de la restauration milanaise. La lignée culinaire est prioritairement milanaise (côtelette, risotto, pâtes aux haricots), mais s'ajoutent quelques spécialités italiennes (pâtes fraîches aux crustacés ou *focaccia* au fromage coulant).

Via Tortona, 3 • M° Porta Genova F. S. • ☎ 02 8940 9428 • www.osteriadelbinari.it • T.l.j. 12h-14h30 et 19h30-23h • Antipasti *2-14 €,* primi *12-15 €,* secondi *18-24 €.*

Trattoria Aurora

Trattoria

68 Plan B4

Au cœur du Design District, une trattoria authentique, dont les vitres teintées affichent de jolis motifs Liberty. La cuisine s'inspire de la tradition culinaire piémontaise, pour des recettes copieuses et gourmandes, comme la *bagna cauda* et les viandes bouillies. Service sympathique et bon rapport qualité/prix.

Via Savona, 23 • M° Sant'Agostino • ☎ 02 83 23 144 • www.trattoriaauroramilano.it • T.l.j. 12h30-14h30 et 20h-23h • Pâtes et risottos 10-12 €, plats 14-20 €.

Tenoha

Al Fresco

Méditerranéen

69 Plan B4

Le hangar de cette ancienne usine désaffectée du début du XXe s. accueille aujourd'hui ce restaurant un peu bohème, qui fait fureur parmi le public de la Design Week. Le service dans le jardin intérieur est enchanteur. Dans l'assiette, des légumes et encore des légumes, mais aussi les meilleures viandes piémontaises et les herbes de la Méditerranée.

Via Savona, 50 • M° Porta Genova F. S. • ☎ 02 4953 3630 • www.alfrescomilano.it • Mar.-dim. 12h30-14h30 et 19h30-22h30; fermé sem. du 15 août • Primi *15-28 €,* secondi *26-30 €.*

Cioccolatitaliani

Glacier

70 Plan C5

Ce bar-glacier fait la part belle à tous les dérivés de la fève de cacao, mais il ne dédaigne pas les autres délices de la nature. Brioches fourrées à la glace *(colmati)*, cornets nappés de chocolat, parfums subtils de la rose au chocolat ou du café aux amandes… bref, une adresse pour amateurs invétérés de desserts glacés.

Alzaia Naviglio Grande, 44 • ☎ 02 8457 5828 • https://www.cioccolatitaliani.it/ • Lun.-mer. et dim. 8h-23h, jeu.-sam. 8h-minuit • Colmati *env. 4 €.*

Rivareno Gelato

Al Pont de Ferr

Gastronomie 71 Plan C5

Créativité maximale pour ce restaurant à l'atmosphère décontractée, récompensé par une étoile au *Michelin*. Dans l'assiette, des combinaisons originales, des formes ludiques et des matières innovantes, un vrai travail d'artiste ! Parmi les classiques : l'oignon rouge de Tropea farci au chèvre, qui ressemble à du verre soufflé, le sashimi de bœuf et de foie gras, le cochon de lait ibérique aux oursins...

Ripa di Porta Ticinese, 55 • M° Porta Genova F. S. • ✆ 02 8940 6277 • www.pontdeferr.it • T.l.j. 12h30-14h30 et 20h-23h • Menus dégustation 55-130 €.

Rivareno Gelato

Glacier 72 Plan C5

Une glace moelleuse à souhait sans aucun additif chimique dans la recette, mais uniquement des matières premières sélectionnées avec soin. Les parfums sont dignes des plus grands créateurs, avec des trouvailles aussi originales que le Alice (mascarpone au marsala et crème de *gianduja*) ou le Contessa (à base de crème d'amandes et de noisettes, pralines et nougats). Sans oublier les granités aux fruits : citron, fraise, amande et fruits de la passion.

Viale Col di Lana, 8 • M° Porta Genova F. S. • ✆ 02 8940 8459 • www.rivareno.com • T.l.j. 13h-minuit • Cornet ou coupe 3-4 €.

GatTullo

Pasticceria 73 Plan D5

Un café historique, qui a su préserver l'ambiance du vieux Milan et où l'on revient toujours avec plaisir et un brin nostalgique du bon vieux temps. Le matin, les brioches parfumées du petit déjeuner sont les bienvenues pour commencer la journée (testez celles à la confiture de fruits rouges), mais, tout au long de la journée, on trouve toujours un prétexte pour passer par ici, du petit noir au comptoir à l'*aperitivo* bien corsé en début de soirée.

Piazzale di Porta Lodovica, 2 • ☎ 02 5831 0497 • www.gattullo.it • Mar.-dim. 7h-21h • Cappuccino 3,50 €, brioche 2 €, aperitivo 8-15 €.

La Magolfa

Pizzeria 74 Plan C5

Dans une rue tranquille du quartier des Navigli, une pizzeria à la bonne franquette, pour les pressés qui ne renoncent pas à quelques touches d'originalité (une pizza saucisse et frites, ça vous tente ?). Service chaleureux et rapide (en terrasse à la belle saison). Rapport qualité/prix imbattable.

La Madonnina

Via Magolfa, 15 • M° Porta Genova F. S. • ☎ 02 83 21 696 • www.lamagolfa.it • T.l.j. 12h-14h30 et 18h30-minuit • Pizzas 5-9 €. **Autre adresse :** *piazza XXIV Maggio, 6.*

La Madonnina

Trattoria 75 Plan C5

Cette *trattoria* sans chichis est une institution dans le quartier. Cuisine traditionnelle familiale et généreuse : raviolis beurre et sauge, pâtes aux haricots, osso buco avec polenta, *cotoletta alla milanese* épaisse et croquante. Une vingtaine de tables à peine, complétées d'une terrasse aux beaux jours.

Via Gentilino, 6 • M° Porta Genova F. S. • ☎ 02 8940 9089 • Lun.-mar. 12h-14h30, mer.-sam. 12h-14h30 et 20h-22h30 • De 20 à 25 € • Résa conseillée.

Bars, clubs Sorties

Morgante Cocktail & Soul

Bar à cocktails 22 Plan C5

Cachée dans l'un des recoins les plus évocateurs des Navigli, une adresse intime et un brin élégante, avec une courette verdoyante dotée de quelques petites tables. La carte des cocktails témoigne de la créativité débordante du barman, qui propose des cocktails classiques parfaitement réalisés aux côtés de créations détonnantes à base de quinoa, de fleurs de cerisier, de feuilles de ginkgo, de

Il Rita & Cocktails

sésame grillé… accompagnées d'une assiette fine de bouchées choisies. Une adresse qui se prête bien aux rendez-vous galants.

Vicolo Privato Lavandai, 4 • M° Porta Genova F. S. • 02 3594 0879 • www.morgantecocktail.com • T.l.j. 18h-minuit (jusqu'à 1h lun., mer. et jeu. ; 2h ven. et sam.) • Cocktails 10-14 €.

Cape Town

Aperitivo 23 Plan C4-5

Une adresse qui séduira tous ceux qui veulent découvrir le vrai visage de Milan. On s'y bouscule à l'heure de l'*aperitivo*, à l'intérieur comme à l'extérieur. L'ambiance et la convivialité sont garanties. Les amateurs de spritz auront l'occasion d'en goûter quatre variétés.

Via Vigevano, 3 • M° Porta Genova F. S. • 02 8940 3053 • www.capetowncafe.it • T.l.j. 18h-2h ; aperitivo *18h-21h30 • Cocktail (+ buffet) 7 €.*

Il Rita & Cocktails

Bar à cocktails 24 Plan C5

Ambiance conviviale et bon enfant pour ce petit bar d'habitués à la clientèle relativement jeune. Excellents cocktails, dont un très bon mojito. Quelques amuse-bouches froids servis à table à l'heure de l'*aperitivo.*

Via Angelo Fumagalli, 1 • M° Porta Genova F. S. • 02 837 28 65 • T.l.j. 18h30-2h ; aperitivo *18h30-22h • Cocktails 8-15 €.*

Il Secco

Bar à vins 25 Plan C5

Pour un voyage parmi les bulles italiennes, vous êtes ici à la bonne adresse. Ce bar à vins original se focalise uniquement sur les pétillants de la Botte, avec sept cuvées différentes servies au verre et des dizaines d'autres en bouteille. Le résultat est fort sympathique, surtout que les prix ne sont pas exorbitants.

Via Angelo Fumagalli, 2 • M° Porta Genova F. S. • 02 4867 7328 • www.ilsecco.com • T.l.j. 17h-minuit (ven.-sam. jusqu'à 2h) • Verres de vin 4-7 €.

Auditorium Fondazione Cariplo

Musique 26 Plan C5

Siège de l'Orchestre symphonique et du chœur Giuseppe Verdi de

Milan, cette salle est réputée pour son excellente acoustique. La programmation, variée, propose aussi bien du jazz que de la musique symphonique, chorale ou de chambre.

Largo Gustav Malher • ☏02 8338 9401/03 • https://sinfonicadimilano.org/ • Billetterie : mar.-dim. 10h-19h.

Hôtels B&B

Maison Borella

Hôtel de charme Plan C5

Dans une maison traditionnelle de la fin du XIXe s., cet hôtel en bordure de canal mérite largement ses 4 étoiles : décoration élégante, chambres spacieuses et confortables, service impeccable et petit déjeuner soigné. Une adresse de charme qui change des grandes chaînes hôtelières.

Alzaia Naviglio Grande, 8 • M° Porta Genova F. S. • ☏02 5810 9114 • www.hotelmaisonborella.com • De 170 à 220 €.

Cocoon B&B

B&B de charme Plan B4

Derrière une jolie grille en fer forgé, au cœur du Design District, ce B&B géré par la charmante Mia offre 3 chambres coquettes et très confortables, où chaque détail est pris en compte. Agréable petit déjeuner et courette intérieure.

Via Voghera, 7 • M° Porta Genova F. S. • ☏349 860 6014 • www.cocoonbb.com • De 100 à 120 €.

CasaBASE

Résidence arty Plan B5

Pour une plongée dans le bouillonnement créatif de Milan, réservez votre lit dans cette auberge de jeunesse au style unique, installée en plein cœur du centre culturel Base, dans le Design District. Les espaces communs (salle de vie et cuisine) y ont été décorés par la designer Stella Orsini. La moitié des 10 chambres (doubles ou quadruples) sont dotées d'une salle de bains privative.

Les brocantes

Deux marchés d'antiquités et de brocante se déroulent chaque mois.

Le plus important est le **Mercatone dell'Antiquariato del Naviglio Grande**, où l'on se rend pour dénicher tableaux, affiches publicitaires, meubles, vaisselle, bijoux, lunettes et vêtements rétro. Bars et restaurants sont alors ouverts toute la journée.

Sur les berges du Naviglio Grande, Ripa di Porta Ticinese (B5), via Paoli (C5), via Casale (C5) et via Corsico (C5) • ☏02 8940 9971 • www.navigliogrande.mi.it • Dern. dim. du mois 9h-18h.

Moins vaste mais intéressant pour ses bonnes affaires, le **Mercatone dell'Antiquariato di Brera** a lieu depuis plus de 30 ans.

Quartier de Brera (H6-7) • 3e dim. du mois.

Via Bergogone, 34 • M° Porta Genova • https://base.milano.it/casabase/ • De 35 à 125 €.

Shopping Cadeaux

Martin Luciano & Figli

Mode vestimentaire 39 Plan C5

C'est dans cet immense entrepôt que furent vendus, à Milan, les premiers jeans au début du XXe s. Il mérite toujours une visite pour ces messieurs férus d'articles militaires, qui y trouveront un petit eldorado à des prix imbattables : vestes robustes, rangers costauds, chemises kaki, ceinturons…

Alzaia Naviglio Grande, 58 • M° Porta Genova F. S • ☎ 02 5810 1173 • www.martinluciano.it • Lun. 15h-19h30, mar.-sam. 9h-12h30 et 15h-19h30, dim. 9h-13h et 15h30-19h30.

Activités Détente

Laboratori Scala Ansaldo

Les décors de la Scala

Pour permettre la réalisation d'un spectacle à la Scala, un escadron de décorateurs, de scénographes, de costumiers, de sculpteurs, de menuisiers et de bien d'autres artisans s'active sans relâche. C'est une rencontre avec cette armée de l'ombre que vous propose cette visite guidée des ateliers de décors et de costumes du théâtre de la Scala. Une visite vraiment fascinante, et pas seulement pour les amateurs d'art lyrique.

Via Bergognone, 34 • M° Porta Genova • Vis. guidées (1h15) uniquement sur résa ; calendrier des visites individuelles sur le site www.museoscala.org/visita/visite-guidate/visite-guidate-ai-laboratori-ansaldo/

NavigaMI

Apéritif au fil de l'eau

Pour une sortie en bateau originale, embarquez au coucher du soleil pour admirer les berges des Navigli s'illuminer, tout en sirotant un cocktail accompagné de quelques amuse-gueules.

Alzaia Naviglio Grande, 4 • ☎ 02 86 71 31 • www.navigami.com • Durée 1h • Départ : Pontile Alzaia Naviglio Grande • Tarif 29 € ; résa obligatoire.

Bike Tour Milano

Balade à vélo électrique le long des Navigli

Pour échapper au bouillonnement citadin, rien de tel que d'enfourcher un vélo électrique et de partir le nez au vent en pédalant sans effort ! Le must ? Le Navigli Gran Tour, qui forme une boucle reliant le Naviglio Grande et le Naviglio Pavese en passant par le lac de Boscaccio, dans la périphérie sud-ouest.

Alzaia Naviglio Pavese, 44 • ☎ 02 5810 3464 • www.biketourmilano.it • Gran Tour : environ 42 km • Location 50 €, incluant une petite dégustation dans une trattoria.

NOS MEILLEURS GLACIERS

Amateurs de glaces artisanales, préparez-vous à fondre de plaisir : Milan et la région des lacs vous réservent un florilège de pauses gourmandes, plus séduisantes les unes que les autres. Parmi des centaines de parfums et des créations d'une originalité folle, voici nos adresses préférées.

Chocolat

Artico

Précurseur en matière de glaces naturelles, Artico excelle autant dans les classiques que dans les créations surprenantes.

Quartier 1, p. 31.

Ciacco

Une institution milanaise dont les glaces atteignent des sommets d'onctuosité et d'intensité.

Quartier 1, p. 32.

Chocolat

Le paradis des adorateurs de la fève de cacao.

Quartier 4, p. 71.

Gelato Giusto

Un glacier tout au féminin qui tient quasiment de la pâtisserie d'auteur avec ses créations parfaitement équilibrées.

Quartier 6, p. 93.

Latteneve

Pour des glaces délirantes et addictives, dont les parfums inventifs suivent le cours des saisons et des marchés.

Quartier 8, p. 112.

Ge.lab

Un choix à faire tourner la tête ! Résister à la seconde tournée relève de l'héroïsme !

Lac de Côme, visite 12, p. 172.

Cremeria Bulian

Ne passez pas votre chemin sans tester le *cioccolato fondente*, noir et intense, de cette adresse discrète mais inoubliable.

Lac de Garde, visite 14, p. 197.

MILAN, BERCEAU DU DESIGN ITALIEN

Milan est la capitale incontestée du design italien. C'est là que le mariage entre l'utilitaire et l'esthétique a été célébré au début du XXe s., donnant naissance à des icônes, comme la Vespa ou la cafetière Bialetti. Chaque année en avril, le Salon international du meuble continue de placer la ville à la pointe de l'innovation.

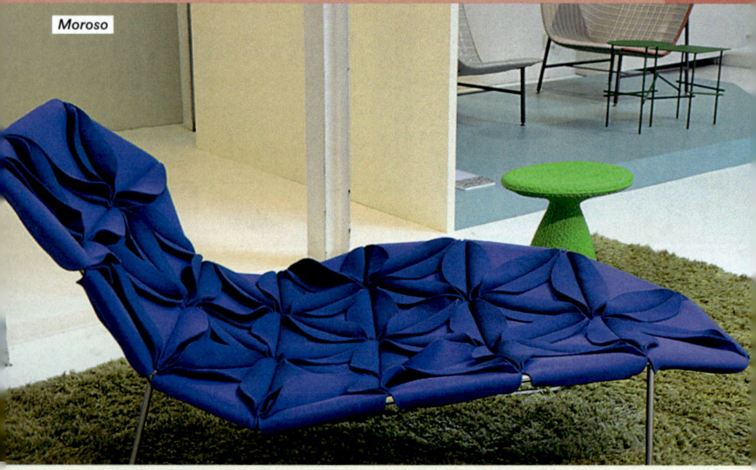

Moroso

À la source du design

Amorcée en 1863 avec la fondation d'une université associant sciences, technologie et arts appliqués, l'histoire du design italien ne commence réellement qu'en 1906, à l'occasion de l'Exposition universelle de Milan, quand la société Umanitaria lance un concours pour l'aménagement de la maison ouvrière.

Dans les premières décennies du XXe s., la classe moyenne émergente devient la cible de la nouvelle industrie du design. En quelques années, de nombreuses petites et moyennes entreprises se lancent dans les innovations pour la maison, incitant les créateurs à l'audace, à l'esthétisme, tout en restant concentré sur l'utile et le pratique.

Studio d'Achille Castiglioni

Les grands designers

Les célèbres designers italiens des années 1930 sont pour la plupart architectes de formation. Le grand **Gio Ponti** (1891-1979) va ainsi marquer toute une génération en dessinant des bâtiments aux lignes pures, comme la tour Pirelli, avant d'exploiter son talent dans des meubles aux formes simples, telle sa célèbre chaise Superleggera éditée par la maison Cassina.

Dans son sillage, **Marco Zanuso** (1916-2001) réalise pour Arflex des fauteuils recouverts de polyuréthane expansé et imagine le canapé transformable; **Achille Castiglioni** (1918-2002) conçoit pour Flos l'incontournable lampe Arco; **Ettore Sottsass** (1917-2007) invente un mobilier ludique et fonde, en 1981, le groupe Memphis, qui réunit des designers anticonformistes. Sans oublier **Gae Aulenti, Gaetano Pesce, Alessandro Mendini, Andrea Branzi** et tant d'autres.

Les événements du Fuori Salone

En marge du Salon international du meuble qui attire à Milan tout ce que la planète compte de professionnels et d'amateurs de design, d'innombrables expositions et manifestations sont organisées dans les galeries, les magasins, les ateliers et showrooms de la ville. La zone de la via Tortona (B5), près de la Porta Genova et du Naviglio Grande, regroupe la plus forte concentration d'événements. Programme complet sur le site **www.fuorisalone.it** ■

La Fabbrica del Vapore

Installé dans une ancienne usine de matériel de chemin de fer et de tramway, cet immense complexe de 14 000 m² est un véritable laboratoire d'idées, où toutes les formes d'expression artistique peuvent s'exprimer. Le design y a bien sûr sa place, avec des ateliers mis à la disposition des créateurs en devenir. La moitié des bâtiments est consacrée à des spectacles et à des expositions.

Via Procaccini, 4 (plan C1) • ☎ 02 02 02
• www.fabbricadelvapore.org
• T.l.j. 9h30-19h30.

PORTA NUOVA ET ISOLA

9

Le nouveau centre directionnel de Milan, formidable entreprise de requalification urbaine, vous réserve une quantité de contrastes ! Il s'étend autour d'une monumentale place piétonne et d'un espace vert paysagé, qui servent de charnière entre le cœur historique de Milan et l'ancien quartier ouvrier de l'Isola, nouvel épicentre de la *movida* locale. Tout autour, des gratte-ciel de verre et de métal, des pistes cyclables, des bars et des restaurants à la mode font de cette ancienne zone défavorisée un véritable lieu de vie où se croisent flâneurs et employés de bureau affairés.

Les tours Bosco Verticale et UniCredit

1 Stazione Centrale✦

Vingt-cinq ans s'écoulèrent entre le lancement du premier concours pour la réalisation de la nouvelle gare de Milan et son inauguration, en 1931. Voilà qui explique en partie son style indéterminé mêlant Liberty et rationalisme. C'est à Mussolini, qui voulait une gare digne du pouvoir fasciste, que l'on doit son aspect monumental. Remarquez son abondante ornementation de médaillons sculptés et d'animaux ailés.

Piazza Duca d'Aosta.

2 Torre Pirelli✦

De l'autre côté de la place Duca d'Aosta, la silhouette élancée du gratte-ciel Pirelli impressionne par son élégance fuselée. Construit en béton armé par Gio Ponti en 1955-1960, il a d'abord accueilli le siège du fabricant de pneumatiques puis, jusqu'en 2010, celui de la région Lombardie. Précurseur des gratte-

Vue sur la skyline des quartiers nord de Milan

ciel du quartier, le « Pirellone » a longtemps été la plus haute tour de Milan avec ses 113 m.

Via Fabio Filzi.

3 Palazzo Lombardia✦

Siège de la Région Lombardie, ce complexe dessiné par Ieoh Ming Pei est composé d'une tour en béton, acier et verre de 161 m de hauteur et d'un réseau d'édifices de sept à neuf étages, reliés entre eux par une place publique couverte. Profitez du libre accès à la terrasse du 39e étage pour une vue imprenable sur la ville.

Piazza Città di Lombardia • Accès 39e ét. : dim. 10h-18h • Gratuit.

4 Museo delle Illusioni✦

Vous ne croyez qu'à ce que vous voyez ? Une petite déambulation dans les salles de ce musée vivant et interactif vous fera à coup sûr changer d'avis ! Car, dans le monde

Le Milan du futur

Le déménagement de la Foire de Milan (Fiera Milano) en périphérie de la ville a permis la mise en œuvre d'un projet colossal de requalification urbaine.

Sur le site de la Fiera se dresse aujourd'hui le **MiCo**, palais des congrès réalisé par Mario Bellini. On le repère au loin grâce à sa couverture ondulante composée de milliers d'écailles d'aluminium.

Plus au sud, le quartier **CityLife**, signé par Zaha Hadid, Arata Isozaki et Daniel Libeskind, est récemment sorti de terre. Constitué d'immeubles de bureaux, de résidences haut de gamme, d'un vaste centre commercial, d'écoles, de bars, de restaurants, de jardins semés de sculptures contemporaines, ce gigantesque pôle urbain se veut entièrement à émission zéro carbone.

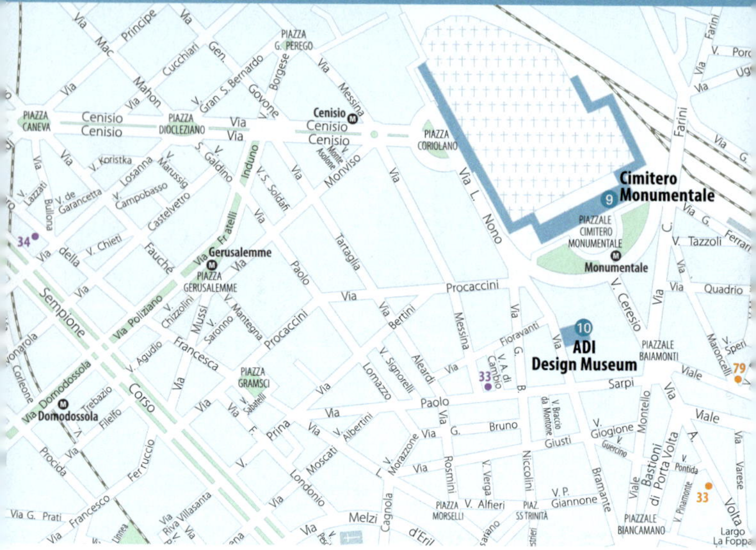

des illusions d'optique, vous apprendrez à vous méfier de vos propres yeux. Et ce, grâce à une mise en scène ludique permettant d'expérimenter et de comprendre les nombreux phénomènes qui abusent notre cerveau. Une visite pour tous les âges!

Via Luigi Settembrini, 11 • 02 5030 7984 • www.moimilano.it • Lun.-jeu. 10h-20h30; ven.-dim. 10h-21h (dern. entrée 1h avant) • Résa obligatoire le w.-e. • Entrée 18€, 6-12 ans 12€; billet famille 45€.

5 Piscina Roberto Cozzi

Reposant sur une structure en béton armé, cette imposante piscine construite en 1933 célèbre le culte de l'effort, cher au régime fasciste. La rigueur des volumes, la sévère alternance de brique et de travertin et l'absence de fioriture lui confèrent une majesté qui la rendit célèbre dès sa création. Admirez, à l'intérieur, son étonnante verrière voûtée en berceau.

Viale Tunisia, 35 • 02 659 97 03 • www.milanosport.it • T.l.j. horaires variables • Entrée adulte 7€, - de 25 ans 5€, - de 5 ans gratuit.

6 Bosco Verticale✦ et Torre Diamante✦

Destiné à un usage résidentiel, le **Bosco Verticale** (2014), de Boeri Studio, innove par son côté écolo : ses deux tours hautes de 110 et 76 m se développent

dans un élan vertical, offrant au regard une véritable forêt à étages. Environ 900 arbres et 20 000 plantes s'enracinent sur les balcons en quinconce !

Autre gratte-ciel du quartier, la **Torre Diamante** (140 m), qui veille sur la piazza della Repubblica, complète l'impressionnante *skyline*.

Bosco Verticale : *via Federico Confalonieri* • **Torre Diamante :** *viale della Liberazione.*

7 Piazza Gae Aulenti⁺⁺

Cœur du quartier Porta Nuova, rehaussée de 6 m par rapport au niveau de la rue, cette belle place circulaire est dominée par

Piazza Gae Aulenti

la flèche en spirale de la **Torre UniCredit.** Œuvre de César Pelli, cette tour est le plus haut gratte-ciel d'Italie (231 m) et entoure la place de ses deux bras, créant un jeu de volumes très évocateur. En hiver, la belle fontaine centrale se transforme en patinoire.

Adossé à la place, le nouveau **Parco Biblioteca degli Alberi** est vite devenu l'un des terrains de sport favoris des Milanais, qui viennent y pratiquer le yoga, le fitness ou le jogging au milieu des arbres et des fleurs.

8 Corso Como✦

Cette artère piétonne animée – qui s'étend au bout du corso Garibaldi et au-delà de la piazza XXV Aprile – est devenue l'un des centres de la *nightlife* milanaise

Pause décontractée : Frida Bar

Ambiance gaie et très colorée sous la grande verrière du Frida, premier parmi les établissements du quartier à avoir attiré du beau monde vers Isola. Les cocktails sont bien mixés, la musique entraînante et le public jeune et animé. On y mange également quelques plats simples, mais c'est pour le brunch et le buffet *aperitivo* que cette adresse est la plus courue.

27 Plan D1 • *Via Pollaiuolo, 3* • *☎ 02 680260* • *www.fridaisola.it* • *Lun. 17h-1h, mar. et dim. 12h-1h, mer.-sam. 12h-2h* • *Buffet aperitivo 5 €.*

Corso Como

après d'importants travaux de requalification. Vous y trouverez un grand nombre de cafés et de boutiques branchés, dont le célèbre 10 Corso Como (voir p. 133).

9 Cimitero Monumentale✦✦

Véritable musée à ciel ouvert, ce cimetière, où nombre de célébrités italiennes, telles que Manzoni ou Verdi, sont enterrées, fut construit en 1866 dans un style mêlant les canons de la tradition gothique lombarde au goût romano-byzantin. Simples tombes ou mausolées grandioses, les sépultures témoignent d'une virtuosité artistique souvent saisissante.

Piazzale Cimitero Monumentale • ☎ 02 8846 5600 • Mar.-dim. 8h-18h (fermeture à 13h les 1er janv., dim. et lun. de Pâques, 1er mai, 2 juin, 15 août, 8 déc. et 25-26 déc.).

10 ADI Design Museum✦

Presse agrume, machine à écrire, Vespa, Ferrari flamboyante... pas un aspect de la création italienne des dernières 70 années n'est passé sous silence dans le dernier-né des musées milanais dédiés au design.

La collection permanente, installée dans les beaux espaces d'une ancienne centrale électrique reconvertie, y présente chronologiquement les projets récompensés au fil des ans par le prestigieux prix du Compas d'or. Un vrai florilège de talents ! Pour les amateurs du genre, une belle place est aussi réservée aux arts graphiques.

Piazza Compasso d'Oro, 1 (entrée via Ceresio, 7, ou via Bramante, 42) • M° Monumentale ou Garibaldi F. S. • www.adidesignmuseum.org • Mar.-dim. 10h30-20h • Entrée 12 € (pas de paiement en espèces).

11 Isola✦

Ancien quartier populaire isolé du reste de la ville par les voies ferrées de la gare Garibaldi, cet entrelacs de ruelles était à l'origine habité par des migrants et des ouvriers, qui s'entassaient dans des maisons *a ringhiera*, immeubles construits autour de cours intérieures, dont les appartements sont reliés entre eux par des balcons en coursive. Nouveau quartier en vue de Milan, Isola est aujourd'hui envahi de boutiques de créateurs, de bars confidentiels et de restaurants branchés.

Restos Bistrots

Pavé Milano

Café 76 Plan E2

On ne peut pas quitter Milan sans avoir d'abord goûté aux brioches de Pavé. Cette adresse jeune et colorée bat son plein à l'heure du petit déjeuner, au moment où une foule continue de jeunes se presse au comptoir pour avaler un cappuccino fumant et croquer dans une brioche farcie. Confiture, crème, Nutella ou nature… Leur secret est bien gardé mais rend absolument dépendant.

Via Felice Casati, 27 • M° Repubblica • ☎02 3790 5491 • www.pavemilano.com • Mer.-lun. 8h-19h • Brioches 2-3 €, panettone 3,50 €.

Ratanà

Traditionnel 77 Plan D1

Installé dans l'une des dernières villas de campagne qui entouraient Milan au début du XXe s., au cœur d'un petit jardin adossé au Parco Biblioteca degli Alberi, ce restaurant à la carte restreinte redonne ses lettres de noblesse à la cuisine traditionnelle lombarde. On y mange l'un des meilleurs *risotto alla milanese* de la ville, préparé à l'ancienne, ou un osso buco fondant à souhait.

Via de Castillia Gaetano, 28 • M° Gioia • ☎02 8712 8855 • www.ratana.it • T.l.j. 12h-14h30 et 19h-23h • Menu lunch 24 €, primi 18-24 €, secondi 18-30 € • Résa conseillée.

Porcobrado

Paninis 78 Plan D1

Élus meilleurs paninis de l'année en 2017, les sandwichs au porc préparés ici sont de véritables œuvres d'art. Depuis la sélection des cochons élevés en liberté en Toscane jusqu'à celle du pain fabriqué à base de farine de très haute qualité, en passant par la lente cuisson

Ratanà

Pavé Milano

au bois et à basse température de la viande, chaque étape est rigoureusement contrôlée. Résultat : un sandwich d'anthologie préparé à la demande en 8 min !

Via Jacopo dal Verme, 17 • 338 333 9120 • www.porcobrado.com • Mar.-dim. 12h30-15h et 19h30-23h30 • Paninis 9 €.

Antica Trattoria della Pesa

Trattoria 79 Plan D1

Une trattoria plébiscitée par les Milanais qui fait salle comble tous les jours, et pour cause ! Si vous ne devez goûter qu'une fois un *risotto alla milanese* ou un *riso al salto*, c'est sans hésiter ici qu'il faut le faire. Les prix sont assez élevés, mais vous en sortirez repu et ravi.

Viale Pasubio, 10 • M° Garibaldi F. S. • 02 655 57 41 • www.anticatrattoriadellapesa.com • Lun.-sam. 12h30-14h30 et 19h30-23h • Primi 15-16 €, secondi 20-35 € • Résa indispensable.

Bars, clubs Sorties

Tunnel Club

Club 28 Hors plan par E1

Une référence underground depuis le milieu des années 1990 avec sa scène électronique. Le lieu n'est autre que l'ancien tunnel désaffecté de la gare centrale et reste encore aujourd'hui très fréquenté par les noctambules milanais en quête de mix et de concerts de qualité.

Via Giovanni Battista Sammartini, 30 • M° Sondrio • 339 403 27 02 • www.tunnelclub.it • Horaires et tarifs variables selon la programmation.

Loolapaloosa

Club 29 Plan D1

Adresse hyper connue pour son *aperitivo* dominical qui se prolonge jusqu'à 22h, avant que la musique reprenne ses droits. Ambiance informelle, clientèle mixte, soirée à thème chaque soir (universitaire, vintage, musique live, etc.). Jardin extérieur très agréable.

Corso Como, 15 • M° Garibaldi F. S. • ☎02 655 56 93 • www.loolapaloosa.com • Dim.-jeu. 23h-5h, ven.-sam. 20h30-5h • Cocktails 10 €.

Hollywood

Club

30 Plan D1

Inaugurée en 1986, cette boîte mythique est à l'origine de l'engouement pour le quartier du corso Como. Atmosphère internationale qui voit passer VIP et étudiants, tous très habillés. Venez en priorité le dimanche soir.

Corso Como, 15 • M° Garibaldi F. S. • ☎327 164 8497 • Mar.-dim. 23h-5h • www.discotecahollywood.com • Entrée 20-25 € (avec conso).

The Wall

Bières artisanales

31 Plan D1

L'adresse qui manquait à Milan et qui ne cesse de faire de nouveaux adeptes. Dans ce pub à l'italienne, on ne sert que de la bière artisanale, brassée avec talent. Une dizaine de choix, à déguster seul ou accompagnés de charcuterie sur de belles planches ou dans une *puccia* – un pain des Pouilles garni de tomates fraîches.

Via Carmagnola, 15 • M° Garibaldi F. S. • ☎349 007 5135 ou ☎340 221 7416 • www.thewallbeer.com • Mar.-dim. 18h-2h • Bières 5-8 €.

Blue Note

Club de jazz

32 Plan D1

Petit frère de la célèbre enseigne new-yorkaise, ce restaurant jazz-club accueille, de septembre

Il Gattopardo

encadré partenaire

Ibis Milano Centro

À 800 m de la gare centrale et à moins de 10 min de marche du quartier commerçant du corso Buenos Aires, un hôtel à l'excellent rapport qualité/prix, dont les chambres confortables et parfaitement insonorisées conviendront aussi bien aux touristes qu'aux voyageurs d'affaires. Les plus : le bar ouvert 24h/24, la petite terrasse en plein air pour une pause-café ou un apéro, et le restaurant pour les soirs de grosse fatigue.

Via Finocchiaro Aprile, 2 (plan E2) • M° Repubblica • 02 63151 • https://all.accor.com/hotel/0933/index.it.shtml • À partir de 75 €.

à juin, les grands noms de la scène internationale.

Via Pietro Borsieri, 37 • M° Garibaldi F. S. • 02 6901 6888 • www.bluenotemilano.com • Concerts : mar.-dim. 19h (prix variables) • Restaurant : mar.-sam. 19h30-minuit • Drinks et cocktails 12-25 €.

Cantine Isola

Bar à vins 33 Plan C1

Entre cave et bar à vins, cette *bottiglieria* est probablement la plus appréciée des Milanais. Un succès qui se poursuit depuis 1896, bien que l'enseigne se trouve aujourd'hui en plein cœur du quartier chinois de la ville. Faites votre choix parmi les centaines d'étiquettes entassées dans la boutique aux allures de comptoir de romans. À déguster sur place ou à emporter.

Via Paolo Sarpi, 30 • M° Monumentale • 02 331 52 49 • www.cantineisola.com • Mar.-dim. 10h-22h.

Il Gattopardo

Bar et club 34 Plan B1

Colonnes et balustrades en marbre, chapiteaux sculptés, lumières colorées et lustre géant en cristal plantent le décor de ce bar-discothèque installé sous la coupole d'une ancienne église. Musique live certains soirs, puis DJ et musique jusqu'au bout de la nuit.

Via Piero della Francesco, 47 • 02 3453 7699 • www.ilgattopardocafe.it • Mar.-sam. 23h-5h • Entrée gratuite.

Hôtels B&B

Vietnamonamour

B&B esprit asiatique Plan F1

On découvre la façade rose de ce joli pavillon Liberty, pour accéder ensuite à l'univers vietnamien de

encadré partenaire

Novotel Milano Nord Ca' Granda

Tout le confort et le plaisir d'un hôtel 4 étoiles soigné, doté d'une belle piscine à ciel ouvert pour les beaux jours, d'un centre de fitness, d'un bar et d'un restaurant de cuisine méditerranéenne, le tout à seulement 20 min en métro du centre historique et des principaux monuments de Milan. Chambres spacieuses et service vraiment accueillant.

Viale Suzzani, 13 • M° Ca' Granda • ☏02 641 151 • https://all.accor.com/hotel/1140/index.it.shtml • À partir de 100 €.

ce B&B original dans le panorama de l'hôtellerie milanaise. Le décor de mobilier asiatique et de tissus chatoyants vous transporte dans une maison coloniale de Hanoï. Accueil chaleureux. Une seconde adresse s'est ouverte dans le quartier d'Isola. Restaurant de spécialités vietnamiennes.

Via Alessandro Pestalozza, 7 • M° Lima • ☏02 7063 4614 • www.vietnamonamour.com • De 90 à 140 € • **Autre adresse :** *via Torquato Taramelli, 67.*

Rosso Segnale

B&B arty Plan F1

Une galerie d'art qui joue la carte du B&B ou un B&B qui se prend pour une galerie d'art ? L'une ou l'autre, le charme que dégage Rosso Segnale est indéniable : trois chambres de caractère, meublées avec beaucoup de goût (le moderne côtoie le design), un jardinet verdoyant pour prendre son petit déjeuner et des expos d'art contemporain organisées régulièrement. Une très bonne adresse !

Via Sacchini, 18 • M° Loreto • ☏02 2952 7453 • www.rossosegnale.it • De 100 à 200 €.

Shopping Cadeaux

Mercato Centrale

Food court 40 Plan E1

Adossé à la Stazione Centrale, ce vaste espace entièrement consacré à la gastronomie fait à la fois marché et *food court*. C'est l'occasion idéale de remplir sa valise de produits de bouche ou de s'offrir une dernière dégustation de spécialités locales avant de grimper dans le train. Le choix est fantastique : pâtes fraîches, viandes grillées, risotto, charcuterie, fromages, pâtisseries, truffes... Vous y trouverez le meilleur de la production artisanale, à consommer sur place ou à emporter.

Via Sammartini (angle piazza IV Novembre) • 02 3792 8400 • www.mercatocentrale.it/milano/ • Lun.-dim. 7h-minuit.

10 Corso Como

Concept store

41 Plan D1

Conçue par Carla Sozzani, rédactrice de mode et éditrice, une adresse incontournable qui intrigue et séduit aussi bien par son contenu que par son cadre. Ancien dépôt de Coca-Cola et traditionnelle maison à *ringhiera* (à balcon filant), ce *store* branché abrite depuis 1990 une librairie, une galerie d'art, un café, un B&B (luxueux) et une boutique d'articles aussi tendance que décalés. Les prix sont évidemment à la hauteur de la réputation.

Corso Como, 10 • M° Garibaldi F. S. • Store : 02 2900 2674; galerie : 02 65 35 31; librairie : 02 65 48 31 • www.10corsocomo.com • T.l.j. 10h30-19h30.

Monica Castiglioni

Bijoux

42 Plan D1

Créatrice en perpétuelle effervescence, Monica Castiglioni conçoit des bijoux aux formes

10 Corso Como

souples et sinueuses, le plus souvent inspirées de celles de la nature. Ses créations – toutes des pièces uniques, auxquelles elle parvient à insuffler l'énergie même de la vie – semblent animées d'un mouvement continuel. Séduite par la solidité, la couleur changeante et la malléabilité du bronze, Monica en a fait, depuis 30 ans, son matériau de prédilection. Émaux, grenats, améthystes et pierres de lune y ajoutent une touche lumineuse et colorée.

Via Pastrengo, 4 • M° Garibaldi F. S. • 02 8723 7979 • www.monicacastiglioni.com • Jeu.-sam. 11h-20h (de préférence sur r.-v.) • De 80 à 600 €.

High Tech

High Tech

Concept store 43 Plan D1-2

Cargo est l'un des meilleurs magasins de meubles et de décoration intérieure de la ville, acclamé par les médias italiens et très apprécié des Milanais. Mais son concept store se situe à 7 km au nord-est du centre-ville. Pour ceux qui ne souhaitent pas se rendre aussi loin, High Tech est le showroom de la célèbre marque : un magasin de 2 000 m², installé dans les anciennes fabriques d'encre du *Corriere della Sera*. L'idée initiale était de rassembler, en un espace unique et à prix modérés, des objets pour la maison, alliant originalité, esthétique et fonctionnalité. Et, en effet, on y trouve absolument tout ce qui peut équiper ou décorer nos intérieurs, de la cuisine au salon en passant par la chambre, le bureau ou la salle de bains.

Piazza XXV Aprile, 12 • M° Garibaldi F. S. • 02 624 11 01 • www.cargomilano.it • Mar.-dim. 11h-19h.

Eataly Milano Smeraldo

Food market 44 Plan D2

Un ancien théâtre reconverti en concept store de trois étages entièrement dédié au best of de l'agroalimentaire italien. La marque Eataly, qui a percé en 2007 à Turin avec sa première adresse, ne pouvait que recueillir un succès fou dans une ville aussi tendance que Milan. On trouve

Eataly Milano Smeraldo

ici des produits de grande qualité provenant directement de chez les producteurs, à emporter ou à consommer sur place dans plusieurs *food corners* dédiés.

Piazza XXV Aprile, 10 • ☏ 02 0999 7900 • www.eataly.net • T.l.j. 8h30-23h.

Activités Détente

Dream Factory – Snif snif Experience

Fabrication de parfum

Un parfum sur mesure capable de réveiller votre mémoire olfactive ? Voilà qui est possible en participant à un atelier sous le lumineux kiosque du jardin d'hiver de la Dream Factory, un espace dédié à la création contemporaine, qui jouxte une salle d'exposition et une boutique de design de la marque Seletti. Alors préparez vos narines et lancez-vous dans l'aventure pour créer une fragrance unique à votre image.

Corso Garibaldi, 117 • ☏ 02 3598 7353 • www.dreamfactory.it • Lun.-sam. 10h-19h • Durée 1h • Résa obligatoire • 90 € (incluant le flacon de 17 ml créé à l'issue de l'atelier).

AUTOUR DU CORSO DI PORTA ROMANA

10

Essentiellement résidentiel, ce quartier tire son nom de l'ancienne Porta Romana du XVIe s., qui marquait l'entrée sud de la ville. Le patrimoine architectural y est remarquable, fait d'imposants édifices religieux (Basilica di San Nazaro) et de merveilleux pôles universitaires (Università Statale ou la plus moderne Bocconi). Récemment, l'installation de la Fondation Prada a branché le quartier sur un ton décidément plus tendance.

Ca' Granda – Università Statale

1 Ca' Granda – Università Statale⁺⁺

Au milieu du XVe s., Francesco Sforza et son épouse, Bianca Maria Visconti, décident de doter Milan d'un vaste hôpital pour les nécessiteux. Dessiné par Filarete, l'ambitieux projet est constitué de deux cours latérales, l'une réservée aux hommes, l'autre aux femmes, séparées par un atrium auquel on accède par un portail baroque.

Filarete ne verra pas le bout du projet, ce qui explique le mélange des styles appliqués par ses successeurs. La seule partie conforme au programme initial se trouve sur la gauche et présente en façade une belle ornementation en terre cuite. Les belles arcades rappellent celles de l'hôpital des Innocents construit à Florence par le grand Brunelleschi.

L'édifice abrite aujourd'hui le siège de l'Université de Milan.

Via Festa del Perdono, 7 • ☎ 02 50 31 11 • www.unimi.it • Lun.-ven. 8h-20h, sam. 8h-14h.

2 Cappella San Bernardino alle Ossa✦

Sur le côté nord de la tranquille petite piazza Santo Stefano, cette excentrique chapelle de plan octogonal (XIIIe-XVIIe s.) attire toute l'attention : ses murs sont tapissés de milliers de crânes et d'ossements humains, ceux des malades décédés à l'hôpital voisin de la Ca' Granda ou ceux de quelques condamnés à mort. Une stylistique baroque définitivement impressionnante… et résolument macabre.

Via Verziere, 2 • Lun.-ven. 8h-18h, sam. 9h30-18h • Accès libre.

3 Piazza Missori✦

Très encombrée, la piazza Missori ne paie pas de mine au premier regard. Pourtant, au bord du carrefour, un curieux vestige semi-circulaire mérite toute votre attention : les ruines de la basilique romane de San Giovanni in Conca cachent au sous-sol une admirable crypte du XIe s., avec de merveilleux chapiteaux sculptés. Une belle surprise !

Crypte : *☎ 02 2040 4175 • Horaires variables mis à jour sur www.museoarcheologicomilano.it • Gratuit.*

Cappella San Bernardino alle Ossa

Pause goûter : Panarello

Si les origines de cette pâtisserie sont génoises, les saveurs divines de ses gâteaux ont conquis les Milanais depuis belle lurette. Premier sur la liste, Sa Majesté le *cannoncino*, un petit four en forme de « petit canon » fourré à la crème pâtissière. Mais on pourra aussi se laisser tenter par la *crostata* (tarte sablée) à l'abricot et la *torta panarello* (gâteau brioché saupoudré de sucre), tous à emporter ou à croquer au comptoir avec un café ou un cappuccino.

80 Plan D4 • *Piazza San Nazaro in Brolo, 15 • ☎ 02 8712 8284 • www.panarello.com • T.l.j. 7h30-19h30 •* Cannoncino *1,50 €.*

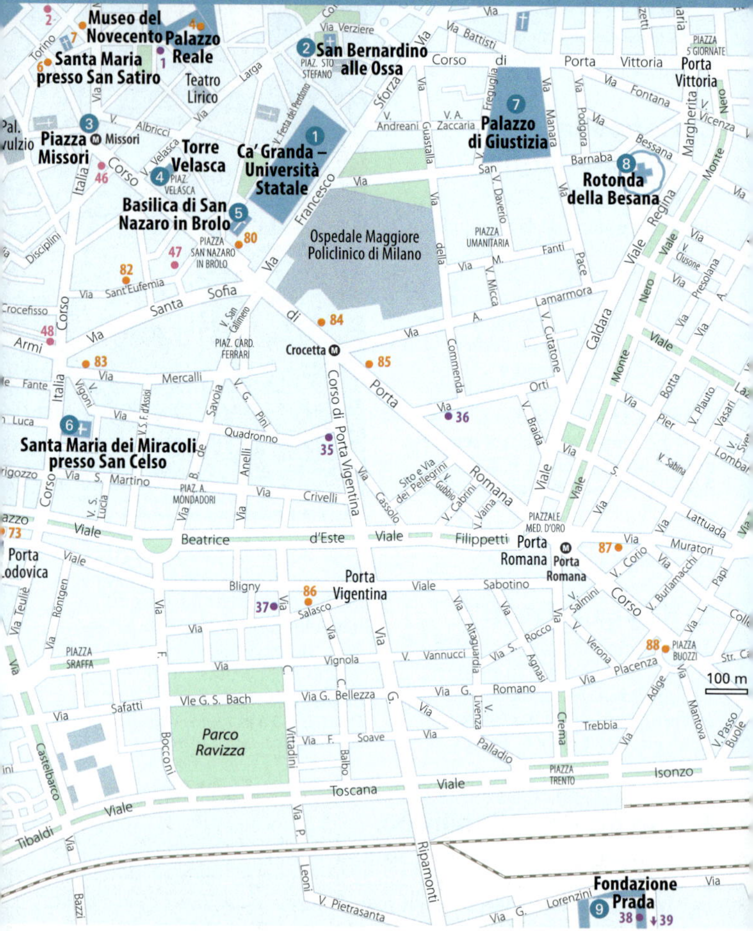

❹ Torre Velasca✦

Curieuse tour de couleur rosée, la « jarretière », comme l'appellent les Milanais du fait de ses bras qui soutiennent la partie supérieure, domine le quartier du haut de ses 106 m. Édifiée en 1956 par le cabinet BBPR, elle reste un symbole architectural de l'après-guerre. Bureaux, appartements et commerces se partagent ses 26 étages.

Piazza Velasca.

5 Basilica di San Nazaro in Brolo✦

Ce beau témoignage du style roman domine de sa façade en brique rouge le corso di Porta Romana. Levez les yeux dès que vous avez franchi l'entrée : la salle précédant la nef fait office de mausolée de la famille Trivulzio, gouverneurs de Milan aux XVe-XVIe s. Réalisés par les descendants de la lignée, les différents tombeaux sont placés chacun dans une niche dans la partie haute de l'édifice.

Piazza San Nazaro in Brolo, 5 • ☎ 02 5830 7719 • Lun.-ven. 7h30-12h et 15h-18h30, sam.-dim. 8h-12h30 et 15h30-18h30 • Accès libre.

6 Santa Maria dei Miracoli presso San Celso✦

À la fin du XVe s., l'afflux de pèlerins venus vénérer une image de la Vierge abritée dans l'église romane de **San Celso** (XIe s.) nécessita la construction d'un sanctuaire plus vaste. Ainsi naquit **Sainte-Marie-des-Miracles,** aussi connue sous le nom d'« église des mariés », car ceux-ci y déposent traditionnellement un bouquet le jour de leurs noces. Les deux églises s'élèvent aujourd'hui côte

Santa Maria dei Miracoli presso San Celso

à côte. Contournez le complexe pour découvrir le petit jardin (entrée via Vigoni) qui s'y adosse.

Corso Italia, 37 • ☎ 02 5831 3187 • www.santamariadeimiracoliesancelso.it • T.l.j. 7h30-12h et 16h-18h30 • Accès libre.

7 Palazzo di Giustizia

L'art du dépouillement, si cher au style rationaliste (p. 99), atteint ici son comble. Le palais de justice fut réalisé entre 1931 et 1940 par Marcello Piacentini, l'un des plus importants représentants de ce courant. Confinant à l'austérité, la simplicité des lignes de l'édifice en souligne la majesté. Une succession d'ouvertures aux proportions rigoureusement identiques rythme sa façade principale, dont la seule ornementation consiste en trois inscriptions latines géantes célébrant la justice et le droit.

8 Rotonda della Besana✦

Ce vaste jardin circulaire, entouré d'une belle colonnade, accueillait jadis le cimetière de l'hôpital voisin. La Besana attire aujourd'hui un tout autre public : au centre du jardin, l'église déconsacrée est devenue le siège du **Museo dei Bambini (MUBA)**, un musée dédié aux enfants qui fait place aussi à des expositions temporaires et à un petit bistrot.

MUBA : *via Enrico Besana, 12 • ☎ 02 4398 0402 • www.muba.it • Mar.-dim. 10h-18h • Entrée 10 €/enfant + 8 €/adulte • Bistrot : mar.-dim. 10h-23h.*

9 Fondazione Prada✦✦

Quelques années ont suffi à cette fondation inaugurée en 2015 pour s'imposer comme un repère incontournable de la scène culturelle milanaise. L'architecte Rem Koolhaas a transformé une ancienne distillerie de 1910 en musée branché aux lignes sobres et épurées. Collection permanente, cinémas, bibliothèque, salles de conférence, salles d'exposition et un bar branché (voir p. 143) s'y côtoient en parfaite harmonie.

Largo Isarco, 2 • ☎ 02 5666 2611 • www.fondazioneprada.org • Mer.-lun. 10h-19h • Entrée 15 €.

Fondazione Prada

Restos Bistrots

Un'Altra Pasta

Pizzeria 81 Plan I8

La reine des lieux est la *pinsa*, une pâte à pizza d'origine ancienne, à la fois mœlleuse et croquante, faite d'un savoureux mélange de farine de riz, de soja et de blé, qui la rend particulièrement digeste. Parmi nos favorites : la *formaggio e pera*, aux poires, noix et miel ; la *gorgonduja*, au gorgonzola et saucisse piquante ; et la *Bologna*, à la mortadelle et ricotta fraîche… Un pur délice !

Via Bergamini, 5 • M° Duomo • ☎02 5832 1359 • www.unaltrapasta.it • T.l.j. 12h-16h et 19h-22h30 • Pizzas 10-12 €.

Al Mercato

Burgers bar 82 Plan D4

Pari gagné pour ces deux jeunes chefs qui ont lancé à Milan la mode des *burgers bars* à la new-yorkaise. Résultat : leur restaurant fait fureur parmi le gratin milanais. Leur carte – plus gourmet le soir, plus informelle le midi – donne la part belle aux burgers et aux nuggets. La salle est petite, pensez à réserver !

Via Sant'Eufemia, 16 • M° Missori • ☎02 8723 7167 • www.al-mercato.it • T.l.j. 12h30-15h et 19h30-23h • Burgers 10-25 €.

Antica Osteria della Lanterna

Trattoria 83 Plan D4

On ressent ici l'ambiance populaire de la trattoria de province… alors que nous ne sommes qu'à 10 min du Duomo ! Pâtes à midi, viandes le soir, les recettes sont les mêmes depuis des lustres, simples et goûteuses. Quant au menu, il est débité à haute voix en italien à chaque table. Pas d'inquiétude, on finit toujours par se comprendre et on conserve un souvenir ému de tant d'authenticité !

Via Guiseppe Mercalli, 3 • M° Missori • ☎02 5830 9604 • Lun.-ven. 12h30-14h30 et 20h-22h, sam. 20h-22h • De 10 à 25 €.

Crocetta Panini d'Autore

Paninis 84 Plan D4

Depuis 1982, les paninis de ce petit bar anonyme sont entrés dans la légende, au point que les succursales se sont multipliées dans le pays et que le choix s'est amplifié. Plus de 60 paninis sont ici sur la liste, à choisir en taille M ou XL. La spécialité ? L'Escort (roquette, tomate, fromage fondu, jambon cru, pomme, huile à la truffe).

Corso di Porta Romana, 67 • M° Crocetta • ☎02 54 50 228 • www.crocetta.com • T.l.j. 8h-1h • **Autres adresses :** *Piazza Diaz, 5; via Mercato, 24; via Giotto 31 • Paninis 10 €.*

Pizza AM

Pizzeria 85 Plan D4

Dans ce petit royaume de la pizza, on vous fera ainsi tranquillement patienter, un verre de prosecco dans une main et une tranche de pizza dans l'autre, le temps qu'une place se libère. La carte ne compte que huit variétés, on n'en demande pas plus : la pâte est moelleuse, les ingrédients choisis et la cuisson parfaits. À découvrir : la Taka, à la pulpe de tomate, burrata, olives *taggiasche*, ail écrasé et grana.

Corso di Porta Romana, 83 • M° Crocetta • ☎338 322 2064 • Mar.-sam. 12h-15h et 19h-23h30, dim. 19h-23h30 • De 7 à 12 €.

Potafiori

Néobistrot 86 Plan D5

« Flower Bistrot » : voici le slogan de cette adresse où s'initier à une délicate cuisine toute fleurie ! Dans ce lieu romantique à souhait, on goûte au thon rouge et à sa confiture d'oignons de Tropea, au *vitello tonnato* et à ses câpres croquantes, aux raviolis aux herbes, sauce beurre et sauge…

Via Salasco, 17 • M° Porta Romana • ☎02 8706 5930 • www.potafiori.com • T.l.j. 12h-15h et 17h-23h • Primi *16-29 €,* secondi *23-32 €, aperitivo avec petite assiette dégustation 6-12 €.*

Giulio Pane e Ojo

Osteria 87 Plan E5

À quelques pas de la Porta Romana, une taverne à la décoration rustique, où on déguste une cuisine traditionnelle à l'accent romain, réalisée par deux jeunes restaurateurs appliqués. Les assiettes sont copieuses, généreuses et soignées à des prix corrects.

Via Lodovico Muratori, 10 • M° Porta Romana • ☎02 54 56 189 • www.giuliopaneojo.com • T.l.j. 12h-14h45 et 19h30-minuit • Primi *12-13 €,* secondi *15-18 €.*

Giannasi dal 1967

Street food 88 Plan E5

Si une envie soudaine de poulet rôti vous prenait, rendez-vous illico au kiosque de Giannasi. Le roi milanais de la street food séduit les passants avec ses gourmandises gastronomiques derrière son comptoir depuis 1967. Brochettes de viande, portion de pâtes et de lasagnes, cornet de fritures, légumes grillés et autres, vendus au poids, et en barquette, pour aller les déguster où bon vous semble.

Piazza B. Buozzi, 2 • M° Porta Romana • ☎320 857 6881 • www.giannasi1967.com • Lun.-sam. 9h-20h30 • Primi *10-13 €/kg,* secondi *17-27 €/kg, fritures 7-17 €/kg.*

Bars, clubs Sorties

Bar Quadronno

Paninoteca Bar 35 Plan D4

C'est en 1964 que le bar Quadronno commence à servir ses premiers paninis. Peu de choses ont changé depuis,

Bar Luce (p. 144)

à commencer par le cadre tout en bois, avec une fine bande de céramique bleue qui décore le comptoir et une tête de sanglier empaillée qui accueille fièrement le visiteur. Pour replonger dans les années 1960, autour d'une bière, d'un spritz et d'un panini sur le pouce.

Via Quadronno, 34 • M° Crocetta • ☎ 02 5830 6612 • www.barquadronno.it • T.l.j. 7h30-2h • Panini 5-10 €, bière 4 €, spritz 6 €.

Lacerba Quisibeve

Bar à cocktails — 36 Plan E4

Un cocktail-bar futuriste dans un cadre intello chic qui rend hommage au mouvement intellectuel du début du XXe s. La carte des cocktails est tout un programme : le French Gimlet (gin, citron vert, fleurs de sureau) ou le Charlie Chaplin (liqueur de prune, liqueur d'abricot, jus de citron vert) sont parmi les plus réussis.

Via Orti, 4 • M° Crocetta • ☎ 02 545 54 75 • www.lacerba.it • Lun.-jeu. 18h-0h30; ven.-sam. 18h-1h30 • Cocktails 9-12 €.

Enoteca La Cieca

Bar à vins — 37 Plan D5

« L'aveugle » : voici la traduction du nom de ce curieux bar à vins, né d'un pari entre cinq amis passionnés de bons vins. Car, à côté d'une liste de crus de qualité, vous pourrez choisir l'un des vins « secrets ». On vous servira alors un verre d'un vin mystérieux, et si vous parvenez à deviner le nom, le domaine et l'année, vous aurez gagné une bouteille entière du vin en question ! Pour accompagner le tout, planches de charcuterie, polenta au fromage et tartares de viande et de poisson.

Via Carlo Vittadini, 6 • M° Crocetta • ☎ 02 5843 7901 • www.lacieca.it • T.l.j. 18h30-1h • Verre de vin 4-10 €.

Bar Luce

Bar 38 Plan E5

Le réalisateur star Wes Anderson s'est livré à un pur exercice de style dans l'aménagement du bar de la Fondation Prada. À l'image de ses films, le café qu'il a créé ne pouvait être que stylé, entre mobilier en Formica, juke-box et réplique de la verrière de la Galleria Vittorio Emanuele II au plafond, dans un esprit pop culture des années 1960. Sur la carte, on hésite entre des paninis aux noms originaux et de bonnes pâtisseries, à accompagner d'excellents cocktails.

Fondazione Prada, largo Isarco, 2 (accessible par la via Orobia) • M° Lodi • ☎ 02 5666 2611 • www.fondazioneprada.org • Lun. et mer.-ven. 8h30-20h, sam.-dim. 9h-20h • Panini 7-8 €, cocktails 9-13 €.

Plastic

Club 39 Hors plan par E5

Référence légendaire de la vie nocturne depuis les années 1980, la boîte la plus transgressive de Milan a vu passer Madonna et Amy Winehouse. Aujourd'hui, trois salles différentes permettent de se déchaîner sur les tubes les plus fous des années 1960 à 1980. Ambiance éclectique et loufoque.

Via Gargano, 15 • ☎ 02 5410 0161 • Facebook : Club Plastic - Milano • Mer. et ven.-dim. • Entrée 20-25 € avec conso.

Hôtels B&B

Cascina Cuccagna

Agritourisme urbain Plan E5

La campagne au cœur de Milan ! Cette ferme du XVIIe s. semble avoir été oubliée par l'urbanisation et dresse encore ses murs en brique, entourée par les buildings. L'ambiance « radical chic » attire une clientèle plutôt jeune. Chambres plutôt basiques de 2, 3 ou 4 places, mais dotées d'une excellente literie. Au restaurant, la cuisine, aux saveurs simples, utilise les produits du potager local.

Via Privata Cuccagna, 2 (accès via Muratori) • ☎ 02 54 577 85 • www.unpostoamilano.it • Ch. double de 50 à 90 €.

Shopping Cadeaux

Nava Design – MH Way Store

Accessoires design 45 Plan I8

Lorsqu'en 1963 le designer japonais Makio Hasuike décide de s'établir à Milan, il est encore loin d'imaginer que sa griffe deviendra une référence mondiale. Devenus de véritables icônes, son attaché-case en propylène transparent, son sac à dos ou son tube à dessins télescopique n'ont pas pris une ride. Fonctionnalité, maniabilité

Giovanni Galli

et minimalisme sont les trois credo qui font de ses créations des objets intemporels résistant au passage du temps et des modes.

Via Durini, 2 • M° San Babila • ☏02 2708 7242 • www.navadesign.com • Lun.-sam. 10h-14h et 15h-19h • Sac à dos 119€.

Giovanni Galli

Confiserie

46 Plan H8

En période de Noël, armez-vous de patience et prenez votre place dans la queue de gourmets qui attendent d'acheter leur ration de marrons glacés. La maison, fondée en 1911, produit marrons et confiseries aux saveurs exquises. Les marrons glacés sont leur spécialité, mais pralines et chocolats valent également le détour.

Corso di Porta Romana, 2 • M° Missori • ☏02 8645 3112 • www.giovannigalli.com • Lun.-sam. 9h-19h30. **Autre adresse :** *via Victor Hugo, 2.*

La Mimosa

Papeterie 47 Plan D4

Le long d'une transversale du corso di Porta Romana, cette gracieuse petite boutique est le paradis du carton et de tout ce qu'on peut réaliser avec. Boîtes, porte-documents, albums photos de toutes les formes recouverts par de jolis papiers à motifs. Un univers coloré qui plaira aux grands comme aux enfants.

Via Lentasio, 8 • M° Crocetta • ☏02 5830 7540 • www.lamimosamilano.com • Lun. 15h-19h30, mar.-ven. 10h-14h et 15h-19h30, sam. 10h-13h30 et 15h-19h.

Macelleria Faravelli

Charcuterie et fromage 48 Plan D4

Bienvenue chez le roi des bouchers ! Ce commerce, dont la réputation n'est plus à faire, est célèbre pour sa viande de bœuf de Carrù (une prestigieuse race piémontaise) et excelle également dans la charcuterie, les fromages et les pâtes fraîches. Il vend aussi des plats à emporter et, sur demande, pourra également vous concocter un délicieux sandwich.

Corso Italia, 40 • M° Missori • ☏02 87 62 87 • www.macelleriafaravelli.com • Lun.-sam. 8h-20h.

VISITER LA RÉGION DES LACS

Les îles Borromées, sur le lac Majeur

À SAVOIR

Quand venir ?

Venez de préférence au **printemps** pour profiter de la floraison des jardins. Les belles couleurs de l'**automne** sont presque aussi enchanteresses. Évitez, si possible, les vacances scolaires.

En **été**, baignade et sports nautiques sont de vrais plaisirs (l'eau flirte avec les 25-30 °C), mais la région est saturée, avec beaucoup d'embouteillages et des prix qui explosent.

L'**hiver** est doux, avec des températures autour des 8-10 °C, mais certains sites restreignent leurs horaires ou sont carrément fermés. Notez que les pneus-neige (ou les chaînes) peuvent être obligatoires du 15 nov. au 15 avr.

Où loger ?

- **Stresa** est très bien reliée par bateau aux autres localités du lac Majeur. C'est aussi le départ le plus logique pour la visite des célèbres îles Borromées.
- Depuis **Côme**, vous serez très bien placé pour sauter dans un *traghetto* et visiter Bellagio, de loin la cité la plus huppée du lac de Côme, mais la position de **Menaggio** est la plus stratégique.
- Sur le lac de Garde, **Salò** et **Gardone Riviera** sont deux des localités les plus agréables et les mieux connectées.

Se déplacer

Lac Majeur

En bus
Ligne Arona-Stresa-Verbania et Stresa-Orta San Giulio (lac d'Orta)

☎ 0323 552172 • www.safduemila.com

Ligne Verbania-Cannero-Cannobio

☎ 0323 518611 ou ☎ 800 503 001 (n° vert) • www.vcotrasporti.it

En bateau
Liaisons quotidiennes entre les principales localités du lac en toute saison, service réduit de mars à oct.

Navigazione dei Laghi *: ☎ 800 551 801 (n° vert) • www.navigazionelaghi.it • Appli DreamLake • Tarif variable selon la distance.*

Lac de Côme

En bus
Lignes utiles : Côme-Menaggio (C10) ; Côme-Bellagio (C30) ; Lecco-Bellagio (D10) et Varenna-Bellano (D21).

Lecco Trasporti : *☎ 035 289000 ou ☎ 800 139 392 (n° vert) • www.leccotrasporti.it*
ASF Autolinee : *www.asfautolinee.it*

En bateau
Liaisons quotidiennes entre les principales localités du lac en toute saison, service réduit de mars à oct.

Navigazione dei Laghi : *voir lac Majeur.*

Lac de Garde

En bus

Lignes utiles : Riva del Garda-Malcesine-Torri del Benaco (484); Peschiera del Garda-Sirmione-Desenzano del Garda (LN026); Desenzano del Garda-Gardone Riviera-Limone sul Garda-Riva del Garda (Ligne LN027).

En bateau

Comptez 1h40 de Desenzano à Salò; 2h de Salò à Malcesine; 1h de Peschiera del Garda à Torri del Benaco. Service réduit de mars à oct.

Navigazione dei Laghi : *voir lac Majeur.*

Infos touristiques

Lac Majeur

Arona : *largo Pietro Vidale • ☏0322 243601 • www.comune.arona.no.it*

Stresa : *piazza Guglielmo Marconi, 16 • ☏032 331308 ou ☏032 330150 • www.stresaturismo.it*

Verbania : *piazza Daniele Ranzoni, 40 • ☏032 3503249 • www.verbania-turismo.it*

Cannobio : *via Giovanola, Palazzo Parasi • ☏0323 71212 • www.turismocannobio.it*

Lac de Côme

Côme : *via Giocando Albertolli, 7 • ☏031 269712 • www.lakecomo.org*

Bellagio : *piazza della Chiesa, 14 • ☏031 951555 • www.bellagiolakecomo.com*

Menaggio : *piazza Garibaldi, 3 • ☏0344 32924 • www.menaggio.com*

Bergame

Ville haute : *via Gombito, 13 • ☏035 242226 • www.visitbergamo.net*

Villa del Balbianello, lac de Côme

Ville basse : *piazzale Guglielmo Marconi, 12 • ☏035 210204.*

Lac de Garde

Desenzano del Garda : *via Porto Vecchio, 34 • ☏030 3748726 • www.visitdesenzano.it*

Sirmione : *viale Marconi, 6 • ☏030 3748721 ou ☏349 818 3452 • www.sirmionebs.it*

Peschiera del Garda : *piazzale Betteloni, 3 • ☏045 2237183 • www.toourismpeschiera.it*

Salò : *piazza Sant'Antonio, 4 • ☏0365 21243 • www.provincia.brescai.it*

Malcesine : *via Gardesana, 238 • ☏045 7400044 • www.visitmalcesine.com*

Torri del Benaco : *via Gardesana, 815 • ☏045 6296162 • www.tourism.verona.it*

Bons plans

L'hébergement est très cher en haute saison, mais il est fréquent qu'il y ait des offres pour plusieurs nuits dans un même hôtel. Mieux vaut donc parfois choisir un seul point de chute d'où rayonner.

LE LAC MAJEUR
ET LE LAC D'ORTA

11

Douceur du climat, magie des jardins en fleurs, reflets bleutés des eaux miroitantes, silhouette enneigée des Alpes, rives semées de villas Liberty... autant de raisons qui expliquent l'engouement que suscite ce lac merveilleux, à cheval entre le Piémont, la Lombardie et le canton suisse du Tessin.

Eremo di Santa Caterina del Sasso

1 Arona✦

Porte d'entrée méridionale du lac Majeur, cette petite ville commerçante offre un joli *lungolago* et un centre piéton plutôt agréable.

Sa principale attraction réside dans le **Colosso di San Carlo Borromeo** (1698), une statue monumentale en bronze de 24 m de haut, représentant saint Charles Borromée, cardinal-archevêque de Milan, dont les bonnes œuvres lors de la peste de 1576 lui valurent la sainteté. En empruntant l'escalier intérieur, on rejoint le sommet, d'où on profite d'une très belle vue.

Colosso di San Carlo Barromeo : *piazzale San Carlo • ☎03 2224 9669 • www.statuasancarlo.it • Mi-mars-mi-avr. et oct. : ven.-dim. 10h-18h30; mi-avr.-juin et sept. : mer.-dim. 10h-18h30; juil.-août : t.l.j. 10h-18h30; fermé nov.-mi-mars • Pas d'accès à la statue entre 13h et 14h, mais le parc reste ouvert • Entrée 7€.*

2 Stresa✦✦

Rockefeller et Hemingway, pour ne citer qu'eux, succombèrent au charme de cette petite localité à l'élégance discrète, dont les ruelles du centre historique regorgent de commerces. Une longue promenade au bord du lac permet d'admirer de belles villas Liberty et d'avoir une perspective parfaite sur l'archipel des îles Borromées.

À l'entrée du bourg, la **Villa Pallavicino** accueille un parc animalier et un beau jardin paysager qui ravira petits et grands.

Villa Pallavicino : *via Sempione Sud, 8* • *0323 933478* • *www.isoleborromee.it/parco-pallavicino/* • *Mi-mars-mi-avr. : ven.-dim. 10h-18h30; mi-avr.-sept. : t.l.j. 10h-18h30; oct. : t.l.j. 10h-18h; dern. accès 1h avant* • *Entrée 13 €.*

3 Isole Borromee✦✦✦

Situées entre Stresa et Pallanza, les **îles Borromées** sont parmi les destinations les plus romantiques des lacs italiens. Écrin de verdure aux jardins enchanteurs, l'archipel des trois « cailloux » jouit d'un microclimat extraordinairement tempéré qui favorise une végétation luxuriante.

Isola Bella : théâtre baroque

Rêve grandiose et extravagant, l'île n'était encore qu'un rocher au XVIIe s., lorsque Carlo III Borromeo décida d'y faire construire un palais féerique, le **Palazzo Borromeo**, et de rebaptiser l'île « Isola Bella », du prénom de son épouse, Isabella. On reste encore aujourd'hui émerveillé par la richesse des décors intérieurs de ce somptueux palais, comme par la majesté de ses jardins paysagés, merveilleusement scénographiques.

Le Teatro Massimo dans les jardins de l'Isola Bella

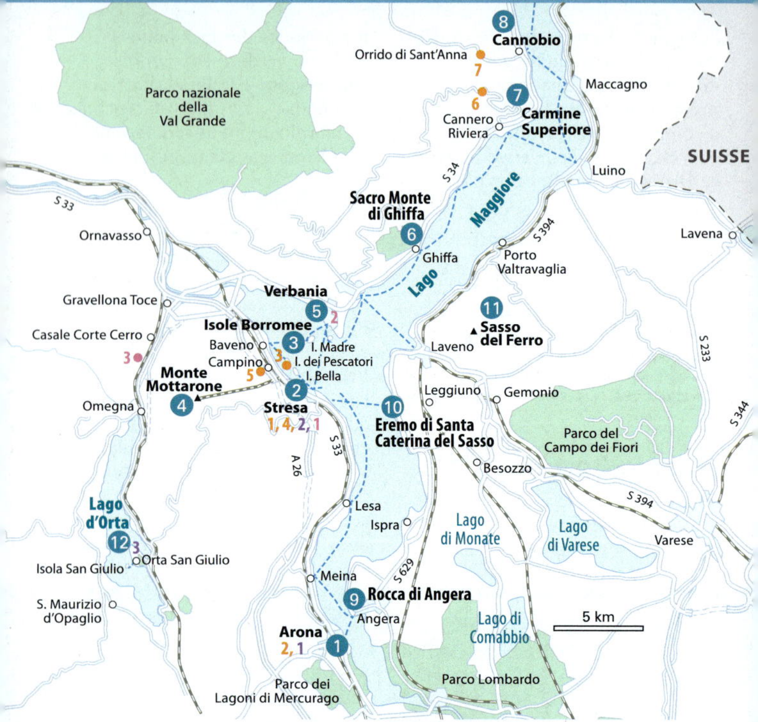

Après avoir traversé une enfilade de salles d'apparat, on débouche dans la **galerie Berthier**, véritable petit musée de peinture regorgeant de toiles de maître. Plus loin, inutile de chercher la moindre figure humaine parmi les motifs des remarquables **tapisseries des Flandres** (XVIIe s.), qui illustrent pourtant le thème du péché et de la morale chrétienne ! Encore plus spectaculaire, la succession de **grottes baroques** sculptées de pierre de lave, d'éclats de marbre et de coquillages, qui dégagent en été une agréable fraîcheur. Le point d'orgue des jardins reste le **Teatro Massimo**, grandiose composition pyramidale hérissée de statues.

Isola Madre : île-jardin

Tout aussi impressionnants que ceux du Palazzo Borromeo, les jardins de l'Isola Madre mettent la nature à l'honneur. Le Jardin botanique de 8 ha – où se promènent en liberté paons, faisans et perroquets – abrite des essences rares du monde entier. Le palais conserve une collection de livres, de poupées en porcelaine du XIXe s. ainsi qu'une intéressante exposition de décors de théâtres de marionnettes des XVIIIe et XIXe s.

Isola dei Pescatori : île des Pêcheurs

C'est une halte idéale pour goûter aux poissons du lac. La petite île tire son nom de ce qui était autrefois l'activité principale de ses habitants. Restaurants et cafés se succèdent le long des ruelles étroites du charmant village, cadre idéal pour se restaurer le temps d'un repas ou d'une glace.

Îles Borromées : *0323 933 478 • www. isoleborromee.it • Mi-mars-mi-avr. : ven.-dim. 10h-18h30; mi-avr.-sept. : t.l.j. 10h-18h30; oct. : t.l.j. 10h-18h; dernier accès 1h avant fermeture • Isola Bella 20 € (palais et jardin); Isola Madre 17 € (palais et jardin); billet combiné pour les deux îles 28 €; également des billets combinés avec la Rocca di Angera et le Parco Pallavicino.*
Bateaux de Navigazione Lago Maggiore : *800 551801 ou 0322 233200 • www. navigazionelaghi.it • Billet depuis Stresa : 16,90 € (libre circulation entre les trois îles).*

Isola dei Pescatori

Bateaux de Motoscafi Isole Borromee : *0323 31358 • www.isoleborromee.com • Billet depuis Stresa 13 € (Isola Madre, puis Isola dei Pescatori, puis Isola Bella).*

4 Monte Mottarone⁺⁺

Depuis le sommet du Mottarone (1 492 m), entre le lac Majeur et le lac d'Orta, le regard embrasse un magnifique panorama sur les lacs et les Alpes. On peut l'atteindre par une route qui serpente à travers un parc boisé ou par un **téléphérique** qui part de l'embarcadère Carciano, à Stresa (pour le moment à l'arrêt, à la suite d'un grave accident en 2021).

Pause douceur : Gigi Bar

Dans le centre de Stresa, près de l'embarcadère pour les îles Borromées, voici un café à l'ancienne idéal pour une pause à toute heure de la journée ! Service impeccable, dans un décor qui n'a rien perdu du charme d'antan. Au comptoir ou à table, café et cocktails sont toujours parfaits. N'oubliez pas de goûter aux pâtisseries, surtout aux *margheritine*, délicieux petits biscuits saupoudrés de sucre glace.

1 *Corso Italia, 30, Stresa • 0323 063103 • Lun.-mar. et jeu.- ven. 7h30-23h; sam.-dim. 7h30-minuit •* Margheritine *1 €.*

Cannobio

Sur la route vers le sommet, le **Giardino Botanico Alpinia** est un beau jardin botanique qui réunit plus de 1 000 espèces de plantes. Un sentier fléché permet ensuite de finir l'ascension à pied.

Téléphérique : *à Stresa, piazzale Lido, 8 • www.stresa-mottarone.it • Fermé jusqu'à nouvel ordre* • **Jardin botanique :** *avr.-oct. t.l.j. 9h30-18h • Entrée 5 €.*

5 Verbania⁺

De nombreuses villas privées entourées de jardins luxuriants s'élèvent sur la colline et en bordure du lac de la principale localité du lac Majeur. Réunissant les trois bourgs d'Intra, de Pallanza et de Suna, Verbania est une agglomération très active, plus commerçante vers Intra, plus pittoresque et paisible vers Pallanza, où un petit **musée du Paysage** présente une jolie collection de peintures et de sculptures du XIXe s.

Musée du Paysage : *via Ruga, 44 • 03 2355 7116 • www.museodelpaesaggio.it • Mar.-dim. 10h-18h • Entrée 5 €.*

Giardini Botanici di Villa Taranto⁺⁺

C'est à un capitaine écossais, qui parcourut le monde à la recherche d'espèces rares, que l'on doit la création de ce beau **jardin botanique** à partir de 1930. Il totalise quelque 7 km d'allées, avec deux parcours fléchés (1h et 1h30) qui conduisent vers le labyrinthe des dahlias, les bois de magnolias ou de rhododendrons, le bassin aux nymphéas… En juin-juillet, ne manquez pas les **nénuphars géants**, dont les feuilles mesurent 2 à 3 m de diamètre !

Via Vittorio Veneto, 111 • ☏03 2340 4555 • www.villataranto.it • T.l.j. : mars 9h-18h; avr.-sept. 9h-19h; oct. 9h30-17h30; dernier accès 1h av. fermeture • Entrée 12 €.

6 Sacro Monte di Ghiffa✦

Au nord de Verbania, sur les hauteurs du lac, le **Sacro Monte della Santissima Trinità di Ghiffa** (XVIe-XVIIe s.) est l'un des monts sacrés piémontais, inscrits au Patrimoine mondial de l'Unesco. À l'intérieur d'une **réserve naturelle**, il est sillonné par un chemin de croix bordé de **chapelles** au décor remarquable (fresques, statues en bois peint grandeur nature), menant jusqu'au sanctuaire tout au sommet.

☏0323 598 70 • www.sacromonte-ghiffa.com • Horaires variables.

Giardini Botanici di Villa Taranto

7 Carmine Superiore✦✦

Dépaysement garanti dans ce village médiéval accessible uniquement à pied. Des toits de lauze, des maisons imbriquées les unes dans les autres, des ruelles escarpées envahies d'herbes folles : tout y évoque la montagne, alors qu'on n'est qu'à 15 min de marche du lac. La grimpette est si raide qu'il vaut mieux l'entreprendre le matin ou en fin de journée. La vue depuis le parvis de la petite église romane, couverte de fresques à l'intérieur comme à l'extérieur, n'en sera que plus belle sous la lumière dorée du couchant !

Accès depuis la SS34 : petit parking gratuit au niveau de l'Albergo Ristorante del Lago, marcher env. 100 m en direction de Cannobio jusqu'à un escalier qui grimpe à dr. et se transforme en chemin muletier, puis suivre les panneaux indicateurs « Carmine Sup ». Village aussi accessible par le sentier « via delle Genti » depuis Cannobio.

8 Cannobio✦✦

Dernière localité italienne avant la frontière suisse, ce village paisible a préservé un charmant centre historique et un *lungolago* fort agréable, bordé de terrasses de cafés. Un sanctuaire miraculeux, le **Santuario della Pietà** (XVIe s.), conserve une *Pietà* ancienne, objet de pèlerinage.

Mais c'est surtout vers l'arrière-pays qu'on ira chercher un peu de tranquillité. En effet, à 2 km du centre-ville en suivant un parcours fléché, on rejoint des gorges

Le téléphérique du Sasso del Ferro

spectaculaires appelées « **Orrido di Sant'Anna** », creusées par le torrent Cannobino. Un beau site accessible en voiture, idéal pour une pause déjeuner et également un joli but de promenade depuis la rive du lac (voir p. 165).

9 Rocca di Angera✦✦

Cette puissante **forteresse** médiévale domine la partie méridionale du lac. Édifiée au XIe s. par les Visconti (voir p. 40) pour contrôler les voies commerciales, elle passa à la famille Borromée en 1449.

Le parcours de visite traverse une succession de salles d'époque : la plus impressionnante reste la salle du Trône, décorée de fresques du XIIIe s. Visitez également le **Museo della Bambola e del Giocattolo**, avec plus d'un millier de poupées et de jouets anciens.

Via Rocca Castello, 2, Angera • Mêmes coordonnées et mêmes horaires que les îles Borromées (p. 153) • Entrée 13 €; billet combiné avec les îles Borromées 33 €.

10 Eremo di Santa Caterina del Sasso✦✦

Construit à flanc de roche, cet **ermitage** est l'un des joyaux du lac Majeur. Il fut fondé par l'ermite Alberto Besozzo au XIIIe s., pour remercier sainte Catherine de l'avoir sauvé d'un naufrage. L'architecture gothique typiquement lombarde du monastère offre son meilleur aperçu en l'approchant par bateau. À l'intérieur, admirez notamment la salle capitulaire, qui recèle une très belle fresque du XVIe s.

Via Santa Caterina, 13, Leggiuno • ***Accès bateau :*** *avr.-sept., au départ de Stresa • www.navigazionelaghi.it •* ***À pied :*** *accès depuis le parking et descente par un escalier*

(240 marches) ou un ascenseur (1€) • ✆0332 647014 • www.eremosantacaterina.it • Mi-mars-mi-oct. et mi-déc.-début janv. : t.l.j. 9h30-19h30; le reste de l'année : lun.-ven. 13h30-18h, sam.-dim. et j. fériés 13h30-19h30 • Entrée 5€.

11 Sasso del Ferro✦✦✦

Du haut de ses 1 062 m, le « rocher de fer » vous garantit un spectacle époustouflant avec les lacs Majeur et de Varèse. La bonne nouvelle? Vous pouvez y arriver sans trop d'efforts grâce aux curieuses cabines de la Funivia di Laveno qui, en moins de 15 min, vous déposent au Poggio Sant'Elsa, à 974 m d'altitude, où vous attendent bar et restaurant panoramiques. De là, la vue est déjà sublime, mais les plus valeureux se lanceront à l'assaut du sommet à travers bois, sur un sentier très raide (20 min de marche difficile, chaussures confortables indispensables), pour s'offrir un moment magique de contemplation solitaire au sommet, comme suspendu entre ciel et terre.

Funivia de Laveno : *via Don C. Tinelli, 15, Laveno-Mombello • ✆0332 668012 • www.funiviedellagomaggiore.it • Trajet 12€ A/R • horaires détaillés sur le site Internet.*

12 Lac d'Orta✦✦

À environ 20 km du lac Majeur, dont il est séparé par le Monte Mottarone, le lac d'Orta est une petite merveille. Au bout de sa presqu'île, la délicieuse **Orta San Giulio** compte parmi les plus jolies cités de Lombardie.

La ville sert aussi de point de départ à deux excursions : une balade de 1,5 km mène aux vingt chapelles du **Sacro Monte di Orta**, où des statues grandeur nature retracent la vie de saint François. Une autre, accessible en bateau, mène à l'**île San Giulio** et à sa belle **basilique** romane (en haute saison, départ toutes les 10 min; 4,50 € A/R).

Piquer une tête dans le lac Majeur

De belles plages vous attendent sur la rive orientale pour profiter des eaux limpides et chaudes du lac (environ 25 °C en été).
À quelques minutes à pied de l'ermitage de Santa Caterina, la plage sablonneuse de Reno (Leggiuno) est idéale en famille, tandis qu'à 6 km au sud celle de Guree (Monvalle) est connue pour son bel écrin végétal.
En remontant vers Laveno, on rencontre d'abord la plage de Ceresolo, petite mais ravissante, puis celle de Cerro, herbeuse et équipée. Au nord de Laveno vous attendent les plages plus sauvages de Cinque Arcate (Castelveccana) et du Fornacci (Caldè).

Ligne de train régionale R21 ou S30 de Trenord (www.trenord.it) ou ligne de bus N18 de Autolinee Varesine (✆0332 731110 • www.ctpi.it).

Restos | Bars | Hôtels | Shopping | Activités

Restos Bistrots

La Taverna del Pittore

Gastronomique 2

Pas vraiment une taverne, mais plutôt l'une des meilleures tables du lac Majeur, pour découvrir des spécialités de la région préparées avec talent et grande attention. Depuis la véranda, le spectacle sur la Rocca di Angera, de l'autre côté du lac, et sur les montagnes qui se reflètent dans l'eau est unique.

Il Verbano

Piazza del Popolo, 39, Arona • *03 2224 3366* • *www.ristorantetavernadelpittore.it* • *Mar.-dim.* • Primi *16-19 €*, secondi *20-35 €*.

Il Verbano

Gastronomique 3

Quel emplacement ! Ce restaurant occupe la pointe de l'île des Pêcheurs, avec une vue unique sur l'Isola Bella. En salle ou sous la véranda, ce cadre romantique à souhait incite à apprécier la cuisine du chef, traditionnelle mais tout en finesse. Les recettes, riches en saveurs, font la part belle aux produits régionaux (poisson du lac, risotto), d'une fraîcheur sans reproche.

Via Ugo Ara, 2, Isola dei Pescatori, Stresa • *0323 31 226* • *https://ilverbano.com/ristorante/* • *Mi-mars-mi-oct. : t.l.j. 12h-14h30 et 19h-21h* • *À la carte 40-60 €.*

Bistrot 76

Gastronomique 4

À deux pas du *lungolago* de Stresa, une adresse classique à la réputation solide : spécialités régionales (*tagliolini* à la truffe, tartare de bœuf piémontais, parfait au gorgonzola, chocolat et pommes caramélisées) et service plaisant, en particulier l'été, sous la belle tonnelle de la cour.

Via Mazzini, 25, Stresa • *0323 302 35*
• *www.ristorantepiemontese.com*
• *Mar.-dim. 12h-15h et 19h-minuit*
• Primi *13-20 €*, secondi *14-30 €*.

La Rampolina

Traditionnel 5

Le panorama plongeant sur les îles Borromées n'a pas de prix dans ce petit restaurant qui surplombe Stresa. On parcourt volontiers un chemin un peu compliqué pour rejoindre la belle terrasse protégée sous des parasols, où l'on vous servira une bonne cuisine du terroir à base de produits très frais. Mention spéciale pour les *tagliolini* au poisson du lac, un vrai délice.

Via Someraro, 13, Campino • 03 2392 3415 • www.larampolina.com • Mar.-dim. 11h30-15h30 et 19h-22h30 • Primi *12-14 €,* secondi *14-24 €.*

Grotto Carza

Traditionnel 6

Il faut chercher un peu ce restaurant bien caché, établi dans un vrai petit coin de paradis à 1 000 m d'altitude, que l'on atteint par une superbe route en lacets. Dans une ambiance assez montagnarde avec une vue plongeante incroyable sur le lac, on se régale de planches de charcuterie et de fromage, de polenta *concia* (au fromage), de ragoût de pommes de terre, de lasagnes maison… à arroser d'une bière artisanale. Un solarium avec transat permet de digérer en toute quiétude.

SP 92, via per Colle, Località Monte Carza, Trarego Viggiona (à 9 km de Cannero) • 334 7978 094 • www.grottocarza.it • Ouv. toute l'année, calendrier sur le site • Menu dégustation (4 plats) 32 €.

Grotto di Sant'Anna

Traditionnel 7

Au bord de l'Orrido di Sant'Anna (voir p. 165), une adresse chaleureuse qui surprend pour son cadre et son raffinement. Sur la terrasse, les bancs et tables de granit surplombent les eaux tonitruantes qui tombent des rochers, tandis qu'à l'intérieur les tables se lovent au coin du feu. Au menu, côtelettes d'agneau rôties au thym, truite au four, *burrata* aux anchois… tous plus que parfaits !

Via Sant'Anna, 30, Traffiume (à 10 min en voiture du centre de Cannobio) • 0323 706 82 • Mar.-dim. 12h-13h45 et 19h-21h45 • À la carte 25-55 €.

Bars, clubs Sorties

Nautica Beach

Bar de plage 1

Envie de paresser au soleil ou de boire l'apéritif avec en toile de fond la silhouette de la Rocca di Angera ? Voilà l'endroit qu'il vous faut ! Transats, tables, fauteuils, lits à baldaquin… à vous de choisir le cadre le plus approprié pour siroter spritz, bière, verre de vin ou jus de fruits, accompagnés de quelques amuse-gueules. La bonne surprise : une plage publique de petits galets prolonge la plage privée.

Piazza Gorizia, 1, Arona • 329 715 8287 • Avr.-oct. : t.l.j. 9h-minuit (juil.-août : jusqu'à 2h); aperitivo *18h-21h • Spritz 10 €.*

Sky Bar – Hôtel La Palma

Sky Bar – Hôtel La Palma

Lounge bar

2

Faute de pouvoir y séjourner, montez boire un verre sur la terrasse au dernier étage de ce palace au bord du lac. Dans une ambiance lounge, vous profiterez d'une superbe vue sur les îles Borromées, en sirotant un verre de prosecco sur fond de musique.

Hôtel La Palma, lungolago Umberto I, Stresa • ✆0323 324 01 • www.hlapalma.it • Lun.-jeu. 12h30-23h30, ven.-dim. 12h-0h30 • Spritz 12 €, cocktail env. 16 €.

Enoteca Al Boeuc

Bar à vins

3

Dans une ruelle tranquille loin de l'agitation du bord du lac d'Orta, un petit bar à vins tranquille. Un choix allant du petit producteur au grand vin millésimé. En accompagnement, on grignote, sur des tonneaux en bois et sur des tables avec nappes à carreaux, quelques *bruschette*, un bon tartare de bœuf ou un moelleux au chocolat.

Via Bersani, 28, Orta San Giulio • ✆339 584 0039 • T.l.j. 11h-15h30 et 18h30-1h (basse saison : slt le w.-e.) • Verre de vin 5 €, planche mixte 18 €.

Hôtels B&B

Hotel Residence La Luna nel Porto

Hôtel de charme

À l'entrée sud de Stresa, un hôtel moderne proposant 12 vastes suites bien meublées, avec une vue merveilleuse sur le lac et les îles Borromées. Jolie terrasse pour prendre son petit déjeuner à la belle saison.

Corso Italia, 60, Stresa • ✆0323 93 44 66 • www.lalunanelporto.it • De 140 à 300 € (petit déj. 5-15 €).

La Locanda

Hôtel familial

Bon rapport qualité/prix pour ce petit hôtel à Stresa, où les bons plans se font rares. Les chambres (doubles, triples ou quadruples) sont propres et fonctionnelles. Le petit déjeuner est abondant, l'accueil plaisant, et le centre commerçant à 10 min à pied.

Via Leopardi 19, Stresa • ✆0323 311 76 • www.hotellalocanda.it • De 78 à 90 €.

Shopping Cadeaux

Marcolini

Pâtisserie 1

Depuis près de 40 ans, cette pâtisserie discrète, qui tient pignon sur rue dans un coin tranquille de Stresa, régale habitués et curieux de ses exquises *margheritine*, de typiques petits biscuits délicats et friables, parsemés de sucre glace.

Via Vincenzo de Vit, 14, Stresa • ✆032 33 03 64 • www.pasticceriamarcolini.it • Mer.-lun. 7h-12h30 et 15h-19h • Margheretine 11 €/250 g.

Libreria Spalavera

Librairie 2

À mi-chemin entre librairie et centre culturel, ce curieux espace au cœur de Verbania est une vraie caverne d'Ali Baba du livre. Anciens et nouveaux ouvrages s'y côtoient dans un méli-mélo confus où, en cherchant bien, on peut trouver de vraies pièces de collection. Livres en français et en anglais également.

Via Ruga, 16, Verbania Pallanza • ✆03 2355 7843 • Mar.-dim. 10h-13h et 15h-18h30.

Alessi Outlet

Art de la table 3

Dans les 200 m² de ce magasin d'usine, vous trouverez la gamme entière des créations de la célèbre marque de design spécialisée dans le matériel de cuisine et l'art de la table. Les articles sont vendus avec des remises allant de 10 à 40 % en fonction de l'ancienneté des collections.

Via Privata Alessi, 6, Crusinallo di Omegna • ✆03 2386 8648 • T.l.j. 10h-18h.

Activités Détente

Tomaso Sail & Surf

Sports nautiques

Faites un petit tour chez Tomaso, un Allemand installé à Cannobio depuis de longues années. Vous pourrez y louer une planche à voile, un paddle, un catamaran TomCat, un bateau à moteur, un canoë, vous offrir une sortie en ski nautique ou vous inscrire à l'un des nombreux cours privés qu'il propose.

Parco Lido di Cannobio • ✆0323 72214 ou ✆333 700 0291 • www.tomaso.com • Location : planche à voile (1h) 25-35 €, catamaran (2h) 100€ • Ski nautique (30 min) 90€ • Cours privé (1h) : planche à voile 95€, catamaran 130€.

Wonderwood

Parc d'aventure

De nombreux parcours aventure pour tous les âges à partir de 3 ans, une tyrolienne de 65 m de long, un circuit en 4×4 pour les 3-14 ans, des sentiers de promenade, des balades en raquettes en hiver, des aires de jeux et de repos... Pas de doutes, ce parc lové en plein cœur des bois, avec vue sur le lac, enthousiasmera la jeune classe !

SP 92, via per Colle, Località Monte Carza, Trarego Viggiona (au nord de Cannero Riviera) • 334 7978094 • Parc gratuit, mais attractions payantes (pass 20-45€).

ZIPline

Tyrolienne géante

Adrénaline garantie sur cette impressionnante tyrolienne de 1 850 m de long suspendue à 350 m du sol, qui vous entraîne à 120 km/h pendant presque 2 min de vol ! Possibilité de tenter l'expérience en binôme pour se donner du courage...

Località Alpe Segletta, Aurano (à 14 km au nord de Verbania) • 333 9467 147 • www.lagomaggiorezipline.it • Ouv. toute l'année • 38€/pers.

Monrosa

Rafting et canyoning

À 50 min en voiture à l'ouest du lac d'Orta, lancez-vous dans une descente de la rivière Sesia en rafting, en hydrospeed, en kayak... ou optez pour du canyoning avec descente en rappel, plongeons et baignades (plusieurs circuits, dont un adapté aux enfants à partir de 7 ans). Le tout sous la surveillance de guides expérimentés.

Via Roma, 1, Balmuccia • 0163 75298, 0163 020092 ou 347 3200303 • www.monrosarafting.it • Avr.-sept. • De 40€ à 90€/pers. en fonction de l'activité et du parcours.

La tyrolienne géante de ZIPline

LE TOP DES TERRASSES AVEC VUE SUR LES LACS

Posées à fleur d'eau ou accrochées en corniche sur les hauteurs, les terrasses qui ponctuent les rives des lacs sont autant de cartes postales féeriques. Qu'on s'y prélasse pour une pause-café, un déjeuner ensoleillé ou un dîner romantique, on y goûtera à coup sûr à la *dolce vita.*

Il Verbano

Avec son emplacement stratégique, au bout de l'île des Pêcheurs, on s'y croirait sur le pont d'un bateau.

Lac Majeur, voir p. 158.

La Rampolina

Les îles Borromées vues du ciel ? C'est possible depuis le jardin-terrasse de ce restaurant.

Lac Majeur, voir p. 159.

Sky Bar

Un véritable balcon où siroter un cocktail, confortablement installé dans un canapé en plein air.

Lac Majeur, voir p. 160.

Silvio

En position de belvédère, la pergola de ce restaurant surplombe les toits de Bellagio et le miroir d'eau scintillant du lac de Côme.

Lac de Côme, voir p. 174.

Varenna Caffè

Une terrasse magique au plus près de l'eau, littéralement enchâssée dans la couronne de montagnes bleutées qui se reflètent sur le lac de Côme.

Lac de Côme, voir p. 174.

Casa Italia

Les charmes de la Vénétie toute proche se laissent percevoir sur ce quai de galets les pieds dans l'eau, en plein cœur de Malcesine.

Lac de Garde, voir p. 198.

Varenna Caffè

LE PARCO DEI LAGONI DI MERCURAGO

À un jet de pierre de la paisible cité d'Arona, les douces collines de ce parc naturel s'adaptent à tous les mollets! Ses sentiers balisés traversent de verts pâturages, se faufilent dans des sous-bois odorants semés de vestiges archéologiques, et sillonnent une jolie zone humide peuplée d'oiseaux aquatiques et de nénuphars.

Dans les lagunes du Mercurago

Marais et tourbières

À l'entrée du parc, empruntez le Strà d'i Pianèl da Gatic (sentier n° 1) jusqu'à une petite chapelle votive. Prenez alors à dr., puis poursuivez jusqu'au Strà di Lagon (n° 2), qui vous mènera au principal plan d'eau du parc. Sur ses rives hérissées de roseaux et peuplées de hérons, de colverts et de cormorans ont été retrouvés les restes d'un village sur pilotis du IIe millénaire av. J.-C. À l'arrière-plan, on distingue deux fermes spécialisées dans l'élevage de chevaux de course.

À l'intersection suivante, tournez à dr. sur la Strà di Sèl (n° 15), puis très vite à g. sur la Strà dal Laghét (n° 11). Le parcours sinue alors dans un ravissant paysage de tourbières, pour grimper progressivement vers le Motto Caneva.

Vers les nécropoles

En continuant vers la dr. sur la Strà dal Custòn (n° 16), vous rencontrerez deux nécropoles d'époque impériale romaine.

Poursuivez dans un sous-bois au sol couvert de lierre en empruntant à g. le Senté dal Fòs (n° 17), puis la Strà di Sèl (n° 15). Suivez-la sur la g. jusqu'à retrouver la Strà d'i Pianèl da Gatic (n° 1). Une petite déviation vers la dr. vous propulsera au sommet d'un mamelon où se trouve une nécropole de l'âge du fer (VIe-Ve s. av. J.-C.). Reprenez ensuite le sentier n° 1, qui vous ramènera à votre point de départ. ■

INFORMATIONS PRATIQUES

- Départ : siège du parc, via Gattico, 6, Arona. Parking sur place.
- Boucle très facile de 5 km.
- Durée : 2h; dénivelé : 150 m.
- Carte disponible au bureau du parc.
- Chiens autorisés, mais tenus en laisse.

LES GORGES DE L'ORRIDO DI SANT'ANNA

Avant de se jeter dans le lac Majeur, les eaux du torrent Cannobino se faufilent dans la montagne en creusant des gorges étroites. À la fonte des neiges, elles se déversent en cascades impétueuses dans une magnifique piscine naturelle bordée d'une plage de galets, qui sert de but à cette agréable promenade.

Ponte Ballerino

Depuis le Lido di Cannobio, remontez le cours du Cannobino par sa rive droite, en empruntant la piste cyclable qui longe le terrain de sport. Après avoir dépassé un camping et des aires de jeux pour enfants, vous voilà devant le ponte Ballerino (« pont danseur »), un ouvrage suspendu que vous traverserez en tanguant légèrement. Les enfants adorent!

Plage devant l'Orrido di Sant'Anna

INFORMATIONS PRATIQUES

- Départ : Lido di Cannobio.
- Distance : 4 km aller simple, facile.
- Durée : 45 min.
- Dénivelé : 60 m.
- Prévoir un maillot de bain.
- Attention : l'accès aux gorges peut se révéler dangereux lorsque le torrent est en crue.

L'Orrido di Sant'Anna

La piste cyclable se poursuit sur l'autre rive en épousant le cours du torrent. Un chemin de terre, juste à côté, permet de cheminer au plus près de l'eau. Une petite demi-heure à pied suffit pour atteindre les gorges de l'Orrido di Sant'Anna, repérables de loin à l'église et au pont en dos d'âne qui dominent le site. En été, une baignade s'impose, suivie d'un pique-nique ou d'un déjeuner à la terrasse du restaurant Grotto di Sant'Anna (voir p. 159).

Le retour se fait par le même chemin ou, sur la rive opposée, en suivant la route SP75, puis la piste qui s'en détache au niveau du camping Valle Romantica (passages difficiles à vélo) et qui finit par rejoindre Cannobio. ■

12

LE LAC DE CÔME

«Rien d'aussi beau ne peut se voir au monde», disait Stendhal de ce lac, dont la féerie romantique fut de tout temps propice aux passions tumultueuses. Destination des élites depuis l'Antiquité, il était au XVIIIe s. l'une des étapes du Grand Tour réalisé par les jeunes aristocrates pour parfaire leur éducation. Ses eaux saphir, sa végétation exubérante et les sommets enneigés qui l'entourent inspirèrent de nombreux artistes et servent d'écrin à de superbes villas.

Le lac depuis les jardins de la Villa del Balbianello

1 Côme✦✦

Lové derrière des murailles d'origine romaine, le centre historique de Côme (Como en italien) dégage une agréable impression d'harmonie, car la ville a conservé bon nombre d'édifices des XVIIe-XVIIIe s.

Incontournable, le **Duomo** (XIVe-XVIIIe s.) compte parmi les plus belles réalisations de l'art gothique lombard. Admirez sa façade richement décorée de statues de style Renaissance ainsi que les deux retables attribués à Bernardino Luini et Gaudenzio Ferrari. Accolé à l'église, le **Broletto** (palais municipal) du XIIIe s. était le siège du pouvoir central.

Ne manquez pas, plus loin, la pittoresque **piazza San Fedele**, bordée de maisons médiévales et d'une église romane au beau portail sculpté. Sur la rive du lac, on pourra voir de beaux témoignages de l'architecture

Piazza del Duomo à Côme

néoclassique, comme la **Villa Olmo** et le **Tempio Voltiano.**

Dans les années 1930, Côme servit de terrain d'expression à de grands architectes rationalistes (voir p. 99), qui y signèrent plusieurs réalisations, dont le **Novocomum**. Les amateurs de ce style ne manqueront pas la **Casa del Fascio**, l'un des édifices les plus emblématiques de ce courant architectural, signé Giuseppe Terragni.

2 Cernobbio✦

Pittoresque et bordée de belles boutiques, voici l'une des destinations les plus chics du lac. La jet-set internationale se donne rendez-vous à la **Villa d'Este,** un superbe palais Renaissance construit tout au bord du lac et transformé en hôtel de luxe. Un peu à l'arrière, une rue en lacets rejoint le sommet du **Monte Bisbino**, d'où s'ouvre une très belle vue panoramique sur le lac.

Pause glamour en bord de lac : Harry's Bar

Installez-vous en terrasse sur la petite place de Cernobbio, pour siroter un verre en admirant le ballet incessant des bateaux sur les eaux du lac. Le Harry's Bar est au lac de Côme ce que le Café de Flore est à Paris : un incontournable au charme désuet qui a vu défiler stars et intellectuels, à tester pour le folklore.

4 Piazza Risorgimento, 2, Cernobbio • ☎031 51 26 47 • www.harrysbarcernobbio.it • Lun. et mer.-dim. 10h-minuit • Café 3 €, verre de vin 9 €, verre de prosecco 10 €.

3 Isola Comacina✦✦

Une flânerie bucolique et une baignade solitaire dans des eaux limpides : voilà le programme que vous offre ce ravissant îlot boisé qui surgit à quelques centaines de mètres de la rive, face à Ossuccio.

Propriété de l'Académie milanaise de Brera, cette modeste bande de terre fut âprement disputée de l'Antiquité au Moyen Âge. De ses édifices anciens, il ne reste aujourd'hui qu'une église du XVIIe s. et les ruines d'une crypte et d'un baptistère, où subsistent quelques traces de mosaïques romaines.

Une petite heure suffit à parcourir les jolis sentiers balisés qui sillonnent l'îlot. Depuis les hauteurs, on profite de superbes vues sur le lac, sur les cimes qui l'enserrent et sur le curieux clocher de l'église romane d'Ossuccio (XIe-XVe s.).

Embarcadère au pied de l'Oratorio Santa Maria Maddalena, à Ossuccio • ☎335 7074122 • Mi-avr.-mi-oct., départ à heure pile de 10h à 16h (juin-sept. 10h à 17h) • Billet A/R 6€ (visite de l'Antiquarium d'Ossucio inclus) • Pensez à emporter des rafraîchissements.

4 Villa del Balbianello✦✦✦

Si vous ne deviez choisir qu'une villa à visiter, ce serait peut-être celle-ci, tant le site est enchanteur. Ce n'est d'ailleurs pas un hasard si certaines scènes de *Star Wars* et de *Casino Royale* furent tournées ici.

Entourée d'un superbe parc qui descend en terrasses jusqu'aux eaux du lac, la villa du XVIIIe s. occupe l'extrémité d'une presqu'île, à l'emplacement d'un ancien couvent franciscain. À l'issue d'une histoire mouvementée, son dernier propriétaire, le Milanais Guido Monzino, y installa dans la seconde moitié du XXe s. une bibliothèque dédiée à l'alpinisme ainsi que sa collection d'art ethnique. Le point d'orgue de son architecture est la superbe loggia à portique s'ouvrant sur le lac des deux côtés.

Via Comoedia, Lenno • ☎0344 561 10 • https://fondoambiente.it/luoghi/villa-del-balbianello • Mi-mars-mi-nov. : mar. et jeu.-dim. 10h-18h ; fermé hors saison • Entrée jardin + villa 22 €, jardin seul 11 €.

5 Villa Carlotta✦✦✦

Perle parmi les villas qui entourent le lac de Côme, cette somptueuse résidence néoclassique tire son nom de la princesse prussienne Charlotte de Nassau, à qui elle fut offerte pour ses noces. Pourtant, c'est à l'un de ses précédents propriétaires, le comte Sommariva, que la villa doit son aspect enchanteur.

Sur deux étages, les salles finement décorées réunissent les somptueuses œuvres d'art collectionnées par le comte. Parmi elles, des statues de Canova *(Palamède, Madeleine pénitente)*, une frise de Thorvaldsen

Villa del Balbianello

Mars et Vénus de *Luigi Acquisti, dans la Villa Carlotta*

(Triomphe d'Alexandre le Grand à Babylone), des peintures de Hayez *(Le Dernier Adieu de Roméo et Juliette)* et du mobilier de Maggiolini. Prenez ensuite le temps de vous promener dans les superbes jardins qui entourent la propriété.

Via Regina, 2, Tremezzo • ✆0344 404 05 • www.villacarlotta.it • T.l.j. mars-oct. 10h-18h30 (billetterie fermée 1h avant) • Entrée 12 €; concert + villa à partir de 15 €.

6 Menaggio✦

Cette petite station est l'une des plus attrayantes de la région. On s'y balade le long de ses ruelles pittoresques et de son *lungolago.* De jolies petites places à fontaine s'ouvrent sur la promenade, offrant ainsi un aperçu enchanteur du paysage lacustre. Bon à savoir : la ville est l'une des rares localités d'où vous pourrez embarquer votre véhicule pour traverser le lac.

7 Bellagio✦✦

Stendhal, Liszt ou Flaubert, pour ne citer qu'eux, s'extasiaient devant la beauté de ce site, d'où la vue est véritablement spectaculaire. À l'extrémité de la bande de terre qui sépare les deux bras du lac de Côme, la ville, avec ses ruelles escarpées bordées de maisons multicolores, prend des allures de navire fendant les flots.

La Greenway : balade en balcon le long du lac

Les amateurs de marche vont être ici comblés : on peut profiter des paysages du lac à travers une belle promenade fléchée qui longe la côte occidentale. Elle traverse des paysages bucoliques et luxuriants, en passant par les communes de Colonno, Sala Comacina, Ossuccio, Lenno, Mezzegra, Tremezzo et Griante. Sur le chemin, vous aurez tout le loisir de visiter quelques belles villas historiques, des bourgs pittoresques et des jardins.

www.greenwaylagodicomo.it • Distance 10 km • Durée 3h30 environ • Dénivelé 100 m • Balade facile, bien fléchée • Retour en bateau ou avec le bus C10.

Rien d'étonnant, alors, à ce que ses terrasses de cafés soient prises d'assaut à la belle saison.

Giardini di Villa Melzi✦✦✦

Au printemps, lorsque azalées, rhododendrons et camélias fleurissent, ce **jardin à l'anglaise** atteint des sommets de beauté et de romantisme. On s'y promène en découvrant ici une statue, là une grotte en rocaille, avec partout de sublimes perspectives sur le lac.

On doit ces jardins et l'imposante villa néoclassique (ne se visite pas) à Francesco Melzi d'Eril (1754-1816), vice-président de la République italienne de l'époque. Il repose dans la chapelle qu'il fit bâtir au fond du parc. L'orangerie a quant à elle été aménagée en un petit musée de souvenirs de l'époque napoléonienne.

Via Lungolario Manzoni, Bellagio (à 1 km de l'embarcadère) • ☏ 0319 50 318 • www.giardinidivillamelzi.it • Du dernier w.-e. de mars à fin oct. : t.l.j. 10h-19h (dernier accès 1h avant fermeture) • Entrée 8 €.

8 Varenna✦

Reliée à Bellagio par *traghetto*, mais bien plus calme que sa voisine d'en face, cette charmante petite ville ravira les âmes romantiques. De structure pyramidale, elle est percée d'étroites ruelles en escalier qui grimpent vers une petite église du XIVe s. En haut du village, un sentier conduit au **château médiéval de Vezio** (www.castellodivezio.it), où sont organisés des spectacles de vols de rapaces.

Villa Monastero✦✦✦

Cet ancien monastère les pieds dans l'eau jouit d'une position exceptionnelle sur le lac. Ses **jardins**, qui s'étirent tout en longueur au bord du rivage, sont l'occasion d'une promenade particulièrement photogénique.

L'élégante **villa** doit en grande partie son architecture éclectique à son réaménagement au XVIIe s. La décoration, le mobilier ancien et les collections d'art du Moyen Âge au XIXe s. témoignent de la valse des différents propriétaires des lieux.

Via Polvani, 4, Varenna • ☎ 03 4129 5450 • www.villamonastero.eu • Avr.-mai et sept. : mar.-dim. 9h30-19h30; juin-août : t.l.j. 9h30-20h; se rens. le reste de l'année • Jardin + villa 10,50 €; jardin seul 8,50 €.

9 Abbazia di Piona✦

Sur la rive orientale du lac, ce gracieux petit monastère du XIIe s. est encore habité par des moines clunisiens, qui y produisent d'excellentes tisanes et liqueurs en vente au public. Les bateaux du service de navigation marquent l'arrêt à l'abbaye en haute saison.

Via Abbazia di Piona, 55, Colico • ☎ 03 4194 0331 • www.abbaziadipiona.it • T.l.j. 9h-12h et 14h30-18h (fermeture billetterie 1h avant).

Restos Bistrots

Osteria del Gallo

Traditionnel 8

Une cuisine de grand-mère, une ambiance d'autrefois et un cadre authentique, voici les ingrédients de cette brasserie qui ne désemplit pas depuis son ouverture, en 1927. Ici, pas de carte, mais une patronne charmante qui vient vous énoncer à haute voix les plats du jour, lesquels dépendent des arrivages du marché. Mention spéciale pour les viandes et les pâtes maison.

Via Vitani, 16, Como • ☎ 031 386 8025 • www.osteriadelgallo-como.it • Lun. 12h30-15h, mar.-sam. 12h30-15h et 19h-21h; généralement fermé en août • À la carte 20-35 €.

Gesumin

Bistronomie 9

Dans une petite salle chaleureuse, avec pierres apparentes et colonne de granit, cette belle adresse revisite la tradition en lui saupoudrant une dose de légèreté et de créativité : *tagliolini* au pesto, tomates séchées et ricotta; gnocchis au gorgonzola et roquette; filet de bar au citron vert et persil… La carte est brève, mais elle se renouvelle toutes les semaines.

Via Cinque Giornate, 44, Como • ☎ 031 242873 ou ☎ 338 348 1086 • www.gesumin.it • Lun.-sam. 12h-14h30 et 18h30-22h • Primi *13-15 €,* secondi *15-20 €.*

Ge.lab

Glacier 10

Des glaces artisanales sans gluten (même les cornets !), déclinées

Il Vapore

en parfums classiques ou en parfums « gourmet » à tomber à la renverse. Nos préférés ? Le *coccola* à la noix de coco, au *dulce de leche* et aux pistaches broyées. En saison apparaissent d'autres saveurs : fruits des bois, figue, mandarine tardive… Les granités accompagnés de leur brioche sont aussi un grand moment.

Via Cinque Giornate, 40, Como • ☏351 708 0052 • T.l.j. 11h-22h30 (jeu.-sam. jusqu'à 23h) • 2 parfums 2,50€, 3 parfums 3,40€, granité et brioche 4,50€.

T Bar

Bistronomie chic 11

Difficile de résister à la terrasse magique de l'un des plus beaux palaces de la région, avec vue sur le lac et la piscine flottante. Dans ce bistrot chic, le chef manie le gril comme un DJ ses platines, pour des assiettes savoureuses et tout en légèreté. De quoi satisfaire les plus exigeants !

Grand Hôtel Tremezzo, via Regina, 8, Tremezzo • ☏0344 424 91 • www.grandhoteltremezzo.com • Mai-sept. : t.l.j. 12h-18h • Plats 30-45€.

Albergo Ristorante Il Vapore

Restaurant traditionnel 12

Légèrement en retrait du très animé Largo Cavour, la terrasse de cet hôtel-restaurant est un havre de paix. Sous la magnifique glycine, on y déguste une cuisine maison dont la simplicité n'a d'égal que la fraîcheur et la saveur : spaghettis à l'ail et aux piments ; *pizzoccheri* aux blettes, pommes de terre et fromage ; truite aux amandes… Très bon rapport qualité/prix.

Piazza Tommaso Grossi, 3, Menaggio • ☏0344 322 29 • T.l.j. 12h-14h30 et 19h-21h30 • Primi *9-13€,* secondi *14-20€.*

La Goletta

Poissons 13

C'est la table « bistrot » de la Villa Serbelloni, le palace de Bellagio, qui revisite joliment la cuisine locale, avec des recettes de poisson du lac. Également des pizzas et des classiques italiens (lasagnes, pâtes au pesto…). Agréable salle intérieure, mais c'est la terrasse qu'on préfère, au bord de la piscine, avec une vue idyllique sur le lac.

Grand Hôtel Villa Serbelloni, via Teresio Olivelli, 1, Bellagio • ☏031 095 64 26 • www.villaserbelloni.com/en/la-goletta-restaurant.html • Pizzas 11-15€, à la carte 25-60€.

Silvio

Silvio

Poissons

14

Idéal pour un repas romantique grâce à sa vue sublime sur le lac, le restaurant de ce petit hôtel dresse ses tables dans une jolie véranda ou, à la belle saison, sous une ravissante pergola. À essayer sans hésiter : le riz accompagné de filets de *lavarello* (lavaret) ou de *persico* (perche), deux poissons du lac à la chair savoureuse, les raviolis à la mousse de poisson ou les *misoltini*, petits poissons du lac séchés et servis sur des morceaux de polenta.

Via Paolo Carcano, 12, Bellagio (route nationale à l'entrée de la ville) • ☎ 031 95 03 22 • www.bellagiosilvio.it • T.l.j. 12h30-14h30 et 19h-22h • À la carte 30-40 €.

Il Cavatappi

Poissons

15

Avec ses sept tables installées autour de la cuisine ouverte et quelques autres tables extérieures, ce petit restaurant réserve d'excellentes surprises. Le choix restreint garantit la qualité et la fraîcheur des matières premières. Les poissons du lac sont à l'honneur, préparés en risotto ou avec des pâtes fraîches, mais aussi en tartare ou grillés.

Via XX Settembre, 10, Varenna • ☎ 03 4181 5349 • www.cavatappivarenna.it • Lun.-mar. 18h30-21h, jeu.-dim. 12h-14h et 18h30-21h; fermé en fév. • À la carte 30-40 € • Résa indispensable.

Varenna Caffè

Café

16

Voici l'adresse idéale pour un petit déjeuner, un café, une glace ou un apéritif romantique. À la belle saison, les tables sont dressées sur la promenade du bord de lac. Bonne cuisine, prix modérés et sympathie garantie. Un must!

Contrada Scoscesa, 13, Varenna • ☎ 03 4183 0459 • T.l.j. en saison 8h-1h, hiver 11h-19h30 • Salade 9 €.

Hôtels B&B

Hôtel San Giorgio

Hôtel familial de charme

Une jolie maison de maître au charme suranné à quelques pas du débarcadère. La même famille gère l'établissement depuis près de 30 ans, avec le même dévouement et la même attention aux détails qu'aux premiers jours. Joli jardin et superbe vue sur le lac.

Via Regina, 81, Lenno • ☏344 404 15 • www.sangiorgiolenno.com • Ouv. toute l'année • De 125 à 165 € (petit déj. 10 €).

Shopping Cadeaux

Seterie Trombetta

Soie 4

Il reste bien peu de chose des nombreuses soieries qui, jadis, vendaient leurs marchandises à Côme. Parmi les dernières encore en activité, Trombetta incarne la tradition manufacturière qui rendit célèbre la ville dans toute l'Europe. Vente de soies au mètre, de cravates et de foulards.

Piazza San Fedele, 1, Como • ☏031 26 74 33 • Lun. 15h-19h, mar.-sam. 9h30-12h30 et 14h30-19h.

Lavanda del Lago

Parfums et cosmétiques 5

C'est les sens en éveil qu'on pénètre dans cette boutique couleur lavande. Pas une crème, pas un savon ni un parfum dont la fabrication n'ait été rigoureusement chapeautée par la marque, depuis la culture de la fleur de lavande jusqu'à sa transformation, en passant par la cueillette et l'égrenage. Résultat ? Des produits de haute qualité, 100 % bio et naturels : baume pour les lèvres, shampoings, lotions pour le corps, gels douche,

sels de bain… Une mine d'idées pour chouchouter ses proches !

Via Calvi, 3, Menaggio • 340 104 1689 • www.lavandadellago.it • T.l.j. 9h-13h et 15h-19h (nov.-mars : fermé le dim.) • De 4 à 30 €.

Activités Détente

Rent Menaggio

Promenade en tuk-tuk

Pourquoi ne pas s'offrir une escapade cheveux au vent à bord d'une Ape Calessino, le triporteur iconique qui séduit les foules depuis plus de 70 ans ! Possibilité de louer aussi scooters, *waterbikes* et hors-bord.

Via Armando Diaz, 109, Menaggio • 380 121 6076 • www.rentmenaggio.it • Ape Calessino 25 €/h (pour 2 pers. + conducteur); waterbike *13 €/30 min.*

AC Boat

Kayak

En autonomie ou accompagné d'un guide expérimenté, laissez-vous glisser à la surface de l'eau pour une expérience sportive et ludique accessible à tous. En prime, le plaisir d'admirer les rives du lac d'un point de vue différent.

Viale Benedetto Castelli (angle via Mylius), Menaggio • 345 901 0694 • www.acboatrentals.com • Juin-sept. : t.l.j. 9h-16h30 • Tours guidés les mar., jeu. et sam. à 10h, résa obligatoire • Kayak 1 place 15 €/h; 2 places 25 €/h.

Wakeboard Lake Como

Sports nautiques et yoga

Pour une bonne dose d'adrénaline, tentez l'aventure du wakesurf, wakeboard, wakefoil ou ski nautique. Une équipe de moniteurs expérimentés saura guider vos premiers pas. Et si les sports nautiques remuent trop pour vous, offrez-vous plutôt une petite heure de yoga dynamique *(vinyasa)* au-dessus de l'eau : rien de tel pour se sentir en accord avec le sublime paysage environnant ! Mention spéciale pour les séances au coucher du soleil et pour celles qui se déroulent sur un paddle !

Frazione Girola, Blevio • 338 757 8550 • www.wakeboardlakecomo.it • Mai-sept. : t.l.j. • Sports nautiques à partir de 50 € (théorie + matériel compris); yoga (1h) 20-25 €, pensez à apporter tapis, eau et sweat-shirt.

Be Bike

VTT électrique

Pour admirer les plus beaux points de vue et oublier quelques heures l'animation du lac, rien ne vaut une petite virée en VTT électrique dans les hauteurs, accompagné d'un guide local. La boucle des trois lacs (28 km) vous fera découvrir vallées, moulins, villages perchés, vignobles et pâturages ainsi que les lacs moins courus de Piano et de Lugano. Arrêt baignade prévu en été.

Via San Rocco, 3, Codogna-Cardano • 334 944 1501 • www.bebikecomo.com • Toute l'année • Tour guidé (3h30) 120 €, matériel compris • Âge minimum 14 ans.

LES PLUS BEAUX JARDINS DE LA RÉGION

La Méditerranée en montagne! Voilà la promesse tenue par les somptueux jardins qui bordent les rives des lacs. Leur luxuriance, prodige de douceur hivernale, n'a d'égal que le talent de ceux qui les ont façonnés. Bien ordonnés, romantiques ou baroques, ils sauront à coup sûr ravir votre cœur et vos sens.

Vigna di Leonardo

Une oasis de calme et de verdure intime et secrète, en plein cœur de Milan, avec en toile de fond la coupole de Santa Maria delle Grazie.

Milan, quartier 4, voir p. 69.

Isola Madre

Sur un îlot au milieu du lac Majeur, les jardins se succèdent comme autant de tableaux vivants plantés de fleurs et d'arbres exotiques.

Lac Majeur, voir p. 152.

Giardini Botanici di Villa Taranto

On s'y sent comme un explorateur découvrant à chaque bifurcation de nouvelles scénographies plus grandioses les unes que les autres.

Lac Majeur, voir p. 154.

Giardini di Villa Carlotta

Rosiers grimpants, tunnels d'agrumes odorants, jardins de rocaille, moutonnement d'azalées et d'hortensias multicolores… on s'émerveille à chaque pas!

Lac de Côme, voir p. 169.

Giardini di Villa Melzi

La floraison des camélias, de février à avril, y est un enchantement, tout comme les parterres de fleurs, les bassins et les grottes en rocaille.

Lac de Côme, voir p. 171.

Giardino Botanico Heller

Une véritable jungle d'où émergent çà et là des œuvres de Fernand Léger, de Keith Haring, de Rodin… Un vrai jeu de piste!

Lac de Garde, voir p. 192.

Jardins de la Villa Melzi

DE BRUNATE À TORNO PAR LES CRÊTES

Laissez derrière vous l'agitation de Côme et embarquez à bord d'un funiculaire qui vous propulsera à 700 m d'altitude jusqu'à Brunate, d'où la vue embrasse le lac et la couronne de montagnes. En rejoignant par les hauteurs Torno, à 10 km, à vous la fraîcheur des sous-bois, les villages de montagne, les chapelles isolées, les rochers aux formes improbables et des vues absolument spectaculaires sur le lac.

Le funiculaire de Brunate

INFORMATIONS PRATIQUES

- Départ : Côme, par le funiculaire montant à Brunate (piazza Alcide de Gasperi • ☏ 0310 303 608 • www.funicolarecomo.it; départ toutes les 30 min • 3,10 €).
- Distance : 10 km.
- Facile, uniquement de la descente.
- Durée : 3h.
- Retour à Côme en bateau depuis Torno (départ fréquent en été • ☏ 800 551 801 • www.navigazionelaghi.it • trajet 3,80 €).

Brunate, un balcon sur les Alpes

À la sortie du **funiculaire Como-Brunate**, descendez les marches et prenez à dr. la via Roma. Quelques belles villas Liberty y rappellent combien la localité fut prisée des élites au début du XXe s. Jetez un coup d'œil à la fontaine publicitaire Campari (1935), puis bifurquez à g. dans la via Nidrino et suivez-la jusqu'au terrain de football, que vous dépasserez pour emprunter un sentier qui descend sur la dr. (fléchage « Strada Regia »).

La première partie du sentier est la plus incommode, et il vous faudra marcher en prenant garde aux éboulis de pierres. Après une dizaine de minutes, laissez à g. la Strada Regia pour continuer tout droit dans la forêt en direction de Montepiatto. Une demi-heure plus tard, un beau panorama sur le lac annonce l'arrivée à la petite **chapelle de Monti di Sorto**, où une fontaine et un banc vous attendent pour une halte contemplative.

Des haltes romantiques

Après un quart d'heure se profile le hameau de **Monti di Cazzanore**, où le chemin grimpe légèrement sur la dr. le long d'une enfilade de masures abandonnées.

Environ 15 min plus tard apparaissent les premières maisons de **Montepiatto**, village caractéristique aux ruelles de pierre. Rejoignez le centre par la rampe qui s'élève sur la dr., puis suivez les indications pour la petite **église Santa Elisabetta**, du XVIIe s. Son parvis en balcon offre une vue éblouissante sur le lac. Le passé du sanctuaire a fait couler beaucoup d'encre : à la fin du XVIIe s., les nonnes de son couvent furent transférées pour des soupçons d'immoralité…

Descente vers le lac

Pour rejoindre **Torno** et embarquer sur le *traghetto* qui vous ramènera à Côme, il existe deux possibilités : suivre les panneaux pour le village de Piazzaga (30 min), puis descendre par un chemin muletier (45 min) ; ou bien rebrousser chemin jusqu'à Montepiatto pour emprunter le sentier qui descend en gradins (40 min). ■

La Pietra Pendula

Cette curiosité géologique mérite le détour ! En suivant un sentier fléché à travers la forêt depuis l'église Santa Elisabetta, on atteint en quelques minutes ce curieux bloc en équilibre sur un socle, charrié et déposé ici par un glacier. Déclaré monument naturel, il est célèbre pour sa forme de champignon géant ! Pas très loin, un autre bloc appelé « l'Orso » séduira les plus jeunes par sa silhouette rappelant un ours.

La vue depuis l'église Santa Elisabetta à Montepiatto

BERGAME
ET LE LAC D'ISEO

13

À la tombée de la nuit, quand la ville haute *(città alta)* prend des allures de décor d'opéra, on comprend que Bergame (Bergamo en italien) est l'une des plus belles villes d'Italie. Du haut de son éperon rocheux, elle cultive une douce atmosphère romantique, qui met en valeur son formidable patrimoine architectural. Depuis ses remparts intégralement conservés, la vue englobe la ville basse *(città bassa)*, plus moderne, où se concentrent boutiques et restaurants à la mode.

La haute ville de Bergame

1 Piazza Vecchia✦✦✦

Difficile de ne pas laisser échapper une exclamation admirative en contemplant cette éblouissante place, qui fut longtemps le siège de l'autorité civile de Bergame. Si sa jolie fontaine en marbre ne date que du XVIIIe s., le **Palazzo della Ragione** remonte, quant à lui, à la fin du XIIe s., ce qui en fait le plus ancien palais communal d'Italie. Ses arcades séparent la piazza Vecchia de la piazza del Duomo.

Sur la droite, deux autres édifices datent de la même époque : le **Palazzo del Podestà**, où est exposée la section vénitienne du Musée historique de la ville, et la **Torre Civica**, au sommet de laquelle la vue embrasse toute la ville. Cette dernière, plus connue sous le nom de « **Campanone** », abrite les cloches *(campane* en italien) de la cité : chaque soir à 22 h, leur carillon retentit en souvenir du temps où il annonçait la fermeture des portes de la ville.

Fermant la place à l'autre bout, le **Palazzo Nuovo** (XVIIe s.) se repère à son élégante façade de marbre blanc ajoutée en 1928. Il abrite de nos jours l'une des plus importantes bibliothèques d'Italie.

Palazzo del Podestà et Torre Civica : ***avr.-oct. : t.l.j. 10h-19h (sam.-dim. jusqu'à 20h); nov.-mars : mar.-dim. 10h-13h et 14h30-18h • Billet unique 5 €.***

2 Duomo✦

On pourrait presque passer devant la cathédrale (1459) de Bergame sans la remarquer, tant elle fait pâle figure à côté de la toute proche basilique Santa Maria Maggiore. Mais ce serait une erreur : son riche intérieur s'apparente à un véritable musée de peinture, réunissant entre autres des toiles de Giambattista Tiepolo, de Sebastiano Ricci et de Giovanni Battista Moroni ! Elle abrite également les reliques du saint patron de la ville, Alexandre, un soldat de la légion thébaine, martyrisé au IIIe s.

Piazza del Duomo • T.l.j. 7h-12h et 15h-19h • Entrée libre.

Piazza Vecchia

3 Basilica di Santa Maria Maggiore✦✦

Cette élégante basilique du XIIe s. affiche encore un extérieur roman, alors que l'intérieur est le résultat des apports d'époques diverses. Elle éblouit surtout par son époustouflante décoration :

Pause historique : Caffè del Tasso

C'est le plus vieux café de la ville, puisqu'il est ouvert depuis 1476 ! D'accord, l'adresse n'est pas vraiment confidentielle, mais la situation exceptionnelle (juste devant le Palazzo della Ragione) et le cadre élégant méritent qu'on s'y arrête pour un petit déjeuner en terrasse, une pâtisserie, une glace, un sandwich ou juste un café debout au comptoir.

17 Piazza Vecchia, 3 ☎ 035 23 79 66 • www.caffedeltasso.com • Été : t.l.j. 8h-21h; hiver : t.l.j. 8h-22h • Café 2 €, cappuccino 3 €, brioche 1,50 €.

les stucs et les dorures (XVIIe s.) emplissent la nef et les voûtes, de riches tapisseries florentines recouvrent les murs des bas-côtés, la clôture du chœur en bois est entièrement décorée de marqueterie (XVIe s.)… Admirez en particulier son confessionnal (1704), qui compte parmi les chefs-d'œuvre italiens de la sculpture baroque sur bois.

Piazza del Duomo • Mar.-ven. 11h-20h, sam.-dim. 10h-22h.

4 Cappella Colleoni***

Accolée à Santa Maria Maggiore, cette chapelle est le joyau incontesté de Bergame, une pure merveille de la Renaissance lombarde. Sa somptueuse façade revêtue de marbres polychromes vole d'ailleurs la vedette à tous les autres édifices de la piazza del Duomo. Ce déploiement de faste célèbre la gloire du condottiere Bartolomeo Colleoni (1395-1475), dont la chapelle est la dernière demeure. Sans la présence des tombeaux monumentaux, l'intérieur aurait tout d'une salle de palais, avec sa délicate décoration de fresques, de stucs et de marqueterie.

Piazza del Duomo • Mar.-dim. 9h30-12h30 et 14h30-18h (nov.-fév. 16h30) • Accès libre.

5 Museo Donizettiano*

Pour les passionnés du genre, ce musée, installé au 1er étage d'un édifice du XVe s., est tout à la gloire de la star locale, le compositeur Gaetano Donizetti (1797-1848). Archives et souvenirs de l'auteur de *L'Élixir d'amour* et de *Lucia di Lammermoor*, qui repose d'ailleurs dans la basilique Santa Maria Maggiore.

Via Arena, 9 • ☎035 24 71 16 • Juin-sept. : jeu.-dim. 10h-17h; le reste de l'année, uniquement sam.-dim.; horaires variables pendant les vac. scol. • Entrée 5 €.

6 Palazzo e Giardini Moroni✦✦

Vous entrez ici dans l'intimité d'un palais privé qui appartient à la même famille depuis sa construction, au XVIIe s. ! Cette plongée dans la vie de l'ancienne aristocratie locale est rendue particulièrement réaliste par l'excellent état de conservation du mobilier, des œuvres d'art et des fresques baroques de l'étage. Cerise sur le gâteau, le parc en terrasses – le plus vaste jardin privé de la ville – offre des vues panoramiques sur la campagne alentour.

Via Porta Dipinta, 12 • ☎035 074 52 70 • www.palazzomoroni.it • Mer.-dim. 10h-18h • Entrée 10 €.

7 Accademia Carrara✦✦✦

Tout simplement l'un des musées de peinture les plus importants d'Italie du Nord ! Parmi les chefs-d'œuvre à ne pas rater : la *Vierge à l'Enfant* de Mantegna (salle 1), au regard d'une extrême profondeur, la *Naissance de la Vierge* de Carpaccio, la *Vierge à l'Enfant* de Bellini, le *Saint Sébastien* de Raphaël (tous trois

La Cappella Colleoni, avec à sa gauche la Basilica di Santa Maria Maggiore

dans la salle 2), la *Storia di Virginia Romana* de Botticelli (salle 4), où l'on voit un père battre sa fille à mort pour la soustraire au déshonneur, et le formidable *Portrait de vieil homme assis* de Moroni (salle 17), l'un des plus grands maîtres lombards du XVIe s.

Piazza Carrara, 82 • ☏035 23 43 96 • www.lacarrara.it • Lun. et mer.-jeu. 10h-18h, ven.-dim. 10h-19h • Entrée 10 €.

8 Galleria d'Arte Moderna e Contemporanea (GAMeC)✦

Cette galerie d'art contemporain est joliment aménagée dans les salles de deux anciens couvents. Ses expositions temporaires et sa collection permanente comprennent des peintures, des sculptures, des photos, des vidéos… d'artistes italiens pour la plupart.

Via San Tommaso, 53 • ☏035 27 02 72 • www.gamec.it • Lun. et mer.-ven. 15h-19h; sam.-dim. 10h-19h (dern. entrée 1h avant) • Entrée 6 € • Prix et horaires différents lors des expositions temporaires.

9 Lac d'Iseo✦✦

Facilement accessible depuis Bergame, ce petit lac ne manque pas d'attraits. Sans être envoûtants, les paysages et les villages qui bordent les rives restent très pittoresques et peut-être même plus intimes que leurs voisins des autres lacs. Vers le nord, de hautes montagnes réservent de belles opportunités d'excursions, tandis qu'au milieu du lac s'élève le **Monte Isola**, la plus vaste île lacustre d'Europe. L'ascension du sommet (600 m), où s'élève le sanctuaire de la Madonna della Ceriola, vaut bien l'effort : la vue y est à couper le souffle !

À 32 km à l'est de Bergame.

Lac d'Iseo

Il Baretto di San Vigilio

Restos Bistrots

Il Baretto di San Vigilio

Bistronomie 18

Une adresse presque incontournable à Bergame, d'où la vue s'étend sur toute la ville. La cuisine oscille entre tradition et création, et ne déçoit jamais : polenta au beurre et anchois, salade tiède de la mer au melon et cassis, risotto aux cèpes à la fondue de *taleggio*, poulpe rôti à la crème de citron vert, tartare de bœuf aux agrumes…

Via al Castello San Vigilio, 1 • 035 253 191 • https://barettosanvigilio.it • T.l.j. 11h-1h (service 12h-23h) • Primi *20 €;* secondi *22 €.*

La Marianna

Café et pâtisserie 19

La recette du succès ? Une agréable terrasse pour les beaux jours, un cadre élégant et un brin rétro pour les journées d'hiver, et une cuisine renommée (goûtez aux *casoncelli* bergamasques, sorte de raviolis très fins au beurre fondu) et recherchée, très appréciée par les locaux. À l'entrée, la pâtisserie légendaire propose ses brioches, ses mignardises et ses gâteaux maison, sans oublier ses glaces ! C'est ici qu'aurait été inventé le parfum *stracciatella* (lait et pépites de chocolat).

Largo Colle Aperto, 4 • 035 23 70 27 • www.lamarianna.it • Café-pâtisserie : t.l.j. 7h30-minuit • Restaurant fermé lun. et mar. midi • Brunch (dim.) 25 €.

La Tana

Cuisine traditionnelle 20

À 5 min de la piazza Vecchia mais à l'écart de l'animation, cette adresse est une vraie pépite ! Dans une jolie salle aux murs et arcades de pierre, ou sur l'une des quelques tables en terrasse avec vue sur les murailles, on y découvre une cuisine locale revisitée, à base d'ingrédients triés sur le volet : pannacotta à la morue ; gnocchis aux orties, à la *stracciatella* et au lait d'amande ; raviolis farcis au fromage de brebis… En prime, possibilité de commander de délicieux paniers pique-nique à partager.

Via San Lorenzo, 25 • ☎ 035 213 137 • www.tanaristorante.it • T.l.j. 12h-14h et 19h-22h • Primi *11-14 €,* secondi *16-18 €, panier pique-nique (2 pers.) 45 €.*

Carmen

Glacier 21

Voilà un glacier à ne pas rater si l'on a le palais délicat et aventureux ! Réalisées à base de produits issus de l'agriculture bio, les saveurs sont aussi divines qu'originales : amande et romarin, figue de Barbarie et cardamome, pistache au sel, miel et lavande, et même une étonnante glace à la mozzarella de bufflonne, à la tomate et au basilic !

Via Colleoni, 20 • ☎ 035 224 230
• www.carmengelato.com
• Lun.-ven. 14h-23h ; sam.-dim. 11h-23h
• Autre adresse dans la ville basse :
via G. Tiraboschi, 60.

Gastronomia Mangili

Shopping Cadeaux

Gastronomia Mangili

Fromage et charcuterie 6

Difficile de résister aux effluves épicés qui se dégagent de cette boutique connue à Bergame pour la qualité de ses produits. *Salame della Bergamasca* (saucisson au poivre et au vin rouge), *casoncelli* (raviolis biscornus à la viande), *taleggio* (fromage de vache à la pâte onctueuse), mais aussi jambon de Parme, coppa, parmesan…

Via B. Colleoni, 7 • ☎ 03 524 87 74
• Lun. 8h30-13h30, mar.-dim. 8h30-13h30 et 16h-20h.

Activités Détente

Terre di Bergamo

Visite souterraine

Pour les amateurs de visites insolites, ce parcours d'environ 1 km est incontournable.
Il emmène les visiteurs en plein cœur du centre historique de la *città alta*… mais en sous-sol, dans la pénombre des souterrains, caves et passages secrets qui percent la colline. Vous y remonterez le temps jusqu'à la fondation romaine de la ville. Chemin faisant, vous découvrirez les fondations de la cathédrale, les canonnières des murailles, l'étonnante fontana del Lantro (une citerne du IXe s.), etc.

☎035 19906356 ou ☎339 377 0651 • www.terredibergamo.com/visita/bergamo-sotterranea/ • Vis. guidée, résa obligatoire • Durée 2h • 120 € pour 2 pers.

Dipingiamo All'Aperto

Peinture en plein air

Vous avez une âme d'artiste et des fourmis dans les doigts ? Inscrivez-vous à cet atelier original, au cours duquel vous reproduirez une vue de la ville à la peinture acrylique ou à l'aquarelle. Et même si vous débutez, pas de panique : Martin, peintre et enseignant d'art d'origine italo-argentine, vous guidera pas à pas avec ses précieux conseils et sa patience d'ange !

☎389 197 2415 ou ☎338 891 9270 • www.dipingiamoallaperto.it • Atelier d'environ 2h : 45-60 €/pers.

Séance de peinture en plein air avec Dipingiamo All'Aperto

LA GASTRONOMIE LOMBARDE

La fertilité de la plaine du Pô fait de la Lombardie l'une des principales régions agricoles de la péninsule italienne. La gastronomie locale repose sur deux ingrédients de qualité : la viande de veau et le riz, qui entrent dans la composition de nombreux plats et servent de base à une cuisine du terroir rustique et robuste, aux saveurs prononcées et goûteuses.

Le riz, une histoire d'eau

Introduite dans le Sud de l'Italie par les Espagnols, la culture du riz se répandit en Lombardie au XVe s. L'abondance de l'eau dans la plaine du Pô facilita sa diffusion, et la céréale devint rapidement incontournable.

Le ***risotto alla milanese***, cuit dans un bouillon de bœuf et parfumé au safran, faisait déjà jadis les délices de Stendhal. Servi en *primo piatto* ou en plat principal, il est aujourd'hui la spécialité emblématique de Milan.

Moins connu mais tout aussi délicieux, goûtez le ***riso al salto***, une galette croquante préparée avec les restes du risotto à la milanaise sauté à la poêle.

Des carnivores invétérés

On croit parfois que les Italiens ne sont pas de grands amateurs de viande, mais les Lombards en consomment très régulièrement.

Tranche de gorgonzola

Impossible de séjourner à Milan sans sacrifier au rite de la ***cotoletta alla milanese,*** une côte de veau panée qui doit impérativement être taillée épaisse, cuite avec l'os et servie légèrement rosée.

Bien qu'originaire de Toscane, la ***fiorentina,*** une côte de bœuf cuite au feu, est un plat très apprécié des Milanais, qui la dégustent *al sangue* (saignante). Vous trouverez aussi fréquemment de la ***battuta di fassona,*** un tartare de bœuf à l'assaisonnement plus léger que dans le tartare français.

Goûtez enfin, si vous le pouvez, les ***mondeghili***, des boulettes concoctées avec divers restes de viande de porc et de bœuf, auxquels on ajoute de la mortadelle de foie et du saucisson frais.

Tripes et abats

Tripes et abats sont omniprésents et se préparent de nombreuses manières. Les amateurs goûteront le ***fritto misto alla milanese,*** constitué de cervelle et de ris de veau frits ; la ***busecca,*** une cassolette de tripes aux haricots blancs et à la tomate ; ou la ***cassoeula,*** une sorte de potée aux entrailles de cochon, à la saucisse et au chou frisé, idéale pour les longues soirées d'hiver.

À cette liste s'ajoutent les ***nervetti,*** des pieds de veau cuits longuement et servis froids en salade ; et les ***animelle,*** des ris de veau tout dorés qui accompagnent à merveille le risotto à la milanaise.

Côté fromages

La Lombardie est connue pour ses fromages, dont le plus apprécié est sans conteste le **gorgonzola,** un fromage au lait cru de vache, dont la pâte est persillée de moisissures. Après un affinage d'au moins cinq semaines, il est utilisé fondu dans la confection des risottos et des pâtes, souvent associé aux noix ou aux poires.

Parmi les autres fromages locaux, on trouve le ***taleggio***, un fromage à pâte molle et onctueuse et à la croûte lavée, spécialité de la province de Bergame. ■

Il était une fois le panettone

En tête de liste des douceurs lombardes se place le célébrissime panettone, une grosse brioche aux fruits confits, aux raisins secs et aux zestes d'agrume, de forme cylindrique et surmontée d'un dôme, qui se mange traditionnellement à la fin du repas de Noël.
Une légende répandue raconte qu'un jour, lors d'un repas organisé en l'honneur de Ludovic le More, le pâtissier fit brûler son dessert. Un jeune commis de cuisine nommé Toni proposa alors, en remplacement, un simple gâteau qu'il avait l'habitude de faire pour lui-même. Séduits, les convives demandèrent d'où venait cette brioche. Le cuisinier aurait répondu « C'est le *pan* de Toni », et le nom serait resté.

LE LAC DE GARDE

14

Connu pour ses plantations d'oliviers et de citronniers, le lac de Garde est le plus grand lac italien. Bordé de plaines au sud, il rétrécit vers le nord, où il se fond dans les reliefs des Préalpes. Très prisé des Allemands, des Suisses et des Autrichiens, il fait aussi le bonheur des amateurs de sports nautiques.

Grotte di Catullo

1 Peschiera del Garda✦

Une enceinte fortifiée cernée par les eaux, des ruelles et places piétonnes très fréquentées à la belle saison, des boutiques et terrasses de cafés par dizaines... telle est la ville qui a poussé au débouché du Mincio, une rivière qui traverse Mantoue avant d'aller se jeter dans le Pô.

L'afflux des touristes à Peschiera s'explique aussi par la proximité des **parcs d'attractions Gardaland** (www.gardaland.it) et **Movieland** (www.canevaworld.it), qui feront le bonheur des enfants.

2 Sirmione✦✦

Sirmione, c'est d'abord une longue bande de terre, étonnamment étroite (à peine 120 m par endroits), qui s'avance dans le lac sur près de 4 km. Presque au bout de cette curieuse presqu'île, un petit pont de pierre et une porte fortifiée du XIVe s. servent de vestibule à la vieille ville, devenue une charmante localité de villégiature balnéaire et thermale.

Sirmione est protégée depuis le XIIIe s. par le **château médiéval des Scaligeri**, dont la silhouette crénelée merveilleusement restaurée semble tout droit sortie d'un conte de fées. Aujourd'hui, Sirmione est devenue une bourgade très touristique et très fréquentée, où boutiques, bars et restaurants se disputent les honneurs des visiteurs.

À la pointe de la presqu'île, une ravissante promenade démarrant sur la droite du château mène aux superbes vestiges d'une villa romaine du Ier s. av. J.-C. appelée **Grotte di Catullo**, car la légende en fait la résidence du poète latin Catulle. Dans la ville, un petit **musée** retrace l'histoire des fouilles archéologiques menées sur le site et dans la région.

Grotte di Catullo et musée : *piazzale Orti Manara, 4 (musée) • ☎ 030 91 61 57 • www.grottedicatullo.beniculturali.it • Mars-oct., horaires identiques pour le site et le musée : mar.-sam. 8h30-19h30, dim. et j. fériés 9h30-18h30; nov.-fév. : mar.-sam. 8h30-17h (site archéologique)/19h30 (musée), dim. et j. fériés 8h30-14h • Entrée 8 €; gratuit 1er dim. du mois.*

3 Desenzano del Garda✦

Charmante petite ville lacustre, Desenzano affiche un caractère plus vivant et sympathique que sa voisine Sirmione. Fréquentée davantage par les Italiens que par les étrangers, la ville attire un jeune public de noctambules friand de ses nombreux bars et boîtes de nuit. Les vestiges d'une **villa romaine** au nord de la ville (via degli Scavi Romani) ainsi que le **château fort** médiéval et le petit **port de plaisance** invitent à la flânerie.

Sirmione

4 Salò✦

Avec ses jolies ruelles piétonnes, Salò compte parmi les bourgs les plus pittoresques de la rive ouest du lac. Son nom est irrémédiablement lié à la Repubblica Sociale Italiana (appelée aussi « République de Salò »), État fasciste fantoche d'où Mussolini tenta de reprendre la main sur l'Italie de 1943 à 1945.

La ville donna également naissance à l'inventeur du violon Gasparo da Salò (1542-1609), dont le musée de la ville, le **MuSa**, expose les premiers instruments. Prenez également le temps de visiter la cathédrale de **Santa Maria Annunziata** (XVe s.), qui recèle quelques beaux retables.

MuSa : *via Brunati, 9* • *0365 205 53* • *www.museodisalo.it* • *Juin-sept. : jeu.-dim. 10h-18h; mi-avr.-mai et oct.-mi-janv. : ven.-dim. 10h-18h* • *Entrée 9€.*

5 Gardone Riviera✦

Jolie localité très fréquentée, Gardone est bordée d'une promenade de 2 km le long du lac. Elle est surtout célèbre pour le Vittoriale degli Italiani (voir ci-après), la dernière demeure du poète Gabriele D'Annunzio.

Il serait cependant dommage de ne pas s'attarder également dans le **Giardino Botanico Heller**, semé de sculptures d'art contemporain, tout comme dans l'original **Museo Il Divino Infante**, pour admirer une curieuse collection d'Enfant Jésus sculptés.

Jardin botanique Heller : *via Roma, 2 • www.hellergarden.com • Mars-oct. : t.l.j. 9h-19h • Entrée 12 €.*
Museo Il Divino Infante : *via dei Colli, 34 • ☏ 0365 29 02 21 • www.il-bambino-gesu.com • Avr.-oct. : ven.-dim. 15h-19h; déc.-janv. : mar.-dim. 14h-18h; sem. de Noël : t.l.j. 10h-18h • Entrée 7 €.*

6 Vittoriale degli Italiani✦✦✦

Loufoque et mystérieuse, cette vaste propriété de 9 ha, qui surplombe l'agglomération de Gardone, révèle le génie sulfureux du poète Gabriele D'Annunzio (1863-1938), dandy, esthète et haute figure du décadentisme italien. Il y habita durant les dernières années de sa vie, de 1921 à 1938. L'ensemble est conçu comme un hommage à sa vie et à son œuvre : bâtisses grandioses, escaliers rocambolesques, arc de triomphe, théâtre à l'antique… tout ici célèbre le patriotisme et l'héroïsme guerrier du poète, sur fond d'une mégalomanie qui caractérisait bien le personnage.

La proue du croiseur Puglia, *dans le parc du Vittoriale degli Italiani*

La Priora

Point d'orgue du domaine, la Priora fut la maison où habita D'Annunzio. La visite nous plonge dans une pénombre colorée par le reflet de vitraux néogothiques, au cœur de son univers le plus intime,

Pause gourmande : Pasticceria Vassalli

Le long des ruelles pittoresques de Salò, voici un café-pâtisserie qui sent bon le passé et qui séduit habitués et curieux depuis l'avant-guerre. Café, glaces et petits fours à déguster sur place ou à emporter, avec mention spéciale pour les pralines au citron du lac.

22 *Via San Carlo, 84/86, Salò • ☏ 0365 207 52 • www.pasticceriavassalli.com • T.l.j. 8h-20h • Pralines au citron 10 €/100 g.*

Vittoriale degli Italiani

dans un méli-mélo artistique plutôt confus, fait de lourdes draperies et d'une multitude d'objets et de livres en tout genre.

Héroïsme et patriotisme

Plus loin, les jardins recèlent de nombreux souvenirs qui rappellent l'existence mouvementée de leur propriétaire.

Premier entre tous, la proue immense du navire *Puglia*, un croiseur à bord duquel D'Annunzio se lança, en 1919, à l'assaut de la ville de Fiume, en Istrie. Suit le *MAS 96*, vedette très rapide avec laquelle il aimait naviguer.

Deux petits musées finissent par éclairer cette personnalité controversée de l'histoire italienne : le **Museo D'Annunzio Eroe,** qui retrace les faits accomplis par le poète pendant la Première Guerre mondiale ; et le **Museo D'Annunzio Segreto,** plus intime, où objets personnels, documents et archives illustrent le vécu du personnage. Sa garde-robe, digne d'une série télévisée, ne manque jamais d'étonner.

Enfin, un **mausolée,** tout à la gloire du poète, recueille la dépouille de celui qui n'aurait pas souhaité autre sépulture que celle-ci.

Via Vittoriale, 12, Gardone Riviera • ☎ 0365 296 51 • www.vittoriale.it • Parcours complet 18 € ; 15 € sans la Priora ; 12 € sans la Priora ni le musée d'Annunzio Eroe.
Parc : *mars-début oct. : t.l.j. 9h-20h ; le reste de l'année : mar.-ven. 9h30-17h, sam.-dim. 9h-17h30 ; dern. entrée 1h avant.*

Priora : *vis. guidée obligatoire; départ toutes les 15 min • Mars-début oct. : t.l.j. 9h30-19h; le reste de l'année : mar.-dim. 10h-16h.*

7 Limone sul Garda**

Ce village pittoresque tire son nom des citrons *(limoni* en italien), qui faisait autrefois sa richesse. Il est désormais tourné vers le tourisme, car sa position enviable, entre le lac et le flanc de la montagne, attire chaque été une foule de visiteurs germanophones, qui envahissent son petit centre piéton. Il faut dire que la destination est l'une des plus agréables du lac, avec sa **grande plage** où il fait bon se baigner dès les premières chaleurs.

La limonaia del Castel**

Limone est encore célèbre pour sa *limonaia*, située dans la partie haute du village. Ce sont des terrasses ornées de curieux pylônes et plantées d'agrumes, descendant sur plusieurs niveaux.

Pour faire revivre ce patrimoine local important, des travaux ont reconstitué le jardin dans son état d'origine. Les agrumes agrémentent désormais cet espace comme ils le faisaient autrefois : citrons, cédrats, pamplemousses, mandarines, clémentines et kumquats illuminent de jaune et orange les terrasses, témoins d'une tradition que des anciens du coin vous conteront.

Via IV Novembre 1929, Limone sul Garda • ☏ 03 6595 4008 • Mi-mars-mi-sept. : t.l.j. 10h-22h; mi-sept.-mi-oct. et fêtes de Noël : t.l.j. 10h-18h • Entrée 2 €.

Une histoire de citron

Introduite pour la première fois au XIIIe s., la culture des agrumes a longtemps été l'activité principale de la région. Les citrons du lac de Garde parvenaient même jusqu'à la cour de Russie ! C'est au XVIIIe s. que les cultures se développèrent à grande échelle, sculptant véritablement le paysage de jardins en terrasses soutenues par de curieuses structures. Il n'en reste que de rares témoignages aujourd'hui, dont la Limonaia del Castel est l'un des meilleurs exemples.

Limone sul Garda

8 Riva del Garda✦✦✦

Avec ses palais médiévaux, ses ruelles piétonnes, ses maisons aux façades colorées et ses places à arcades, cette station balnéaire a tout pour plaire.

Ici aussi, les Scaligeri, seigneurs de Vérone, ont bâti au XIIe s. une forteresse qui abrite aujourd'hui les collections d'art et d'archéologie communales : le **Museo Alto Garda (MAG)**. Ne manquez pas non plus de grimper à sa tour de guet, la **Torre Apponale**, qui permettait autrefois de surveiller le port.

MAG : *piazza Cesare Battisti, 3A • ☎04 6457 3869 • www.museoaltogarda.it • Mi-mars-mai et oct. : mar.-dim. 10h-18h; juin-sept. : t.l.j. 10h-18h • Entrée 5€.*
Torre Apponale *: piazza III Novembre • Avr.-oct. : t.l.j. 10h-18h • Entrée 2€.*

9 Malcesine✦

Traversé par un réseau de ruelles pavées de galets, ce bourg est dominé depuis le XIIIe s. par la silhouette crénelée de son château fort, le **Castello Scaligero**, érigé sur une éminence rocheuse tout au bord du lac.

Le château abrite de nos jours un petit musée d'histoire naturelle consacré à l'environnement lacustre. En fin de parcours, une salle est dédiée à Goethe et aux dessins réalisés par le célèbre poète allemand lors de son séjour en Italie en 1786-1787.

Castello Scaligero : *via Castello, 39 • ☎04 5657 0333 • Mars-nov. : t.l.j. 9h30-18h30; le reste de l'année : sam.-dim. uniquement • Entrée 6€.*

10 Monte Baldo✦

Pour changer de perspectives, empruntez le **funiculaire** qui monte jusqu'au Tratto Spino (1 750 m), presque au sommet du Monte Baldo. Cette montagne qui culmine à 2 218 m regorge de sentiers de randonnées et de parcours de VTT qui raviront les plus sportifs. La vue depuis les pentes réserve des paysages éblouissants.

Funiculaire : *via Navene Vecchia, 12, Malcesine • ☏ 04 5740 0206 • www.funiviedelbaldo.it • T.l.j. 8h30-18h (toutes les 30 min); fermé nov.-mars • Tarif A/R 25 €.*

11 Torri del Benaco✦✦

Coup de cœur pour ce joli village où le temps semble s'être arrêté. Torri del Benaco tire son nom des nombreuses tours qui le défendaient jadis.

Il n'en subsiste plus que deux aujourd'hui, mais son château, le **Castello Scaligero** (fin XIVe s.), siège d'un petit musée dédié aux traditions locales, continue de veiller sur le bourg et sur son port pittoresque. Une halte vraiment romantique, le temps de boire un verre au soleil couchant.

Restos | Bars | Hôtels | Shopping | Activités

Restos Bistrots

Cremeria Bulian

Glacier 23

Dissimulé sous une arche du vieux Sirmione, ce glacier offre tout un assortiment de glaces, de granités et de sorbets à la glace pilée qui peuvent vite devenir addictifs ! Parmi les parfums phares : chocolat fondant sans lait, ricotta de chèvre, confiture de figues et même… mojito ! Avec en prime un accueil tout sourire.

Via Vittorio Emanuele, 30, Sirmione • ☏ 03 0990 6009 • Mars-nov. : t.l.j. 11h30-23h (mars-mai et oct.-nov. : fermé lun.) • Glace 1 parfum 2,50 €.

Osteria dell'Orologio

Bistrot 24

Ce bistrot de caractère a pris ses quartiers à quelques pas du bord du lac de Garde. On y déguste pâtes fraîches maison, tripes, os à moelle et l'incontournable poisson du lac, le tout bien cuisiné et bien servi. Ambiance jeune et informelle.

Via Butturini, 26, Salò • ☏ 03 6529 0158 • www.osteriadellorologio.it • Lun.-mar. et jeu.-dim. 12h-14h30 et 18h-23h • Primi *10-11 €,* secondi *14-18 €.*

Nablus

Pizzeria 25

Il faut prendre de la hauteur pour arriver jusqu'à ce sympathique restaurant-pizzeria d'où la vue sur le lac est magnifique. Au menu? De délicieuses pizzas, bien sûr, des spaghettis *alle vongole* et à la poutargue de Mugine, des *tortelli di zucca*, une excellente viande rouge de Fassona, un turbot à la vanille… Une cuisine généreuse et d'un bon rapport qualité/prix.

Via Supiane, 1, Gardone Riviera • 0365 436 71 • www.ristorantenablus.com • Lun. et mer.-ven. 19h-23h, sam.-dim. 12h-15h et 19h-23h • Pizzas 6-10 €, primi 14 €, secondi 20 €, entrecôte 50 €/kg.

Casa Italia

Osteria 26

Un bistrot au bord de l'eau, au cœur de Malcesine, où l'on vient à toute heure de la journée, pour un café le matin jusqu'à l'*aperitivo*. À l'heure du repas, les plats défilent, tous abondants et savoureux : spaghettis sauce tomate, tartare de bœuf, l'originale *piadina* jambon et fromage ou la grillade de poisson… il y en a pour tous les goûts!

Via Casella, 1, Malcesine • 045 482 6017 • Lun.-mer. et ven.-dim. 10h-22h, jeu. 17h-22h • À la carte 15-35 €.

Alla Fassa

Poissons 27

Un restaurant les pieds dans l'eau. L'accueil est chaleureux et la maison propose une cuisine traditionnelle régionale. À essayer, les *polpettine* (boulettes de

Canyoning près de Limone sul Garda

poissons du lac), la truite marinée aux agrumes, les gnocchis aux gambas et aux asperges ou la friture de poissons du lac.

Via B. G. Nascimbeni, 11, Castelletto di Brenzone • 04 5743 0319 • www.ristoranteallafassa.com • T.l.j. 12h-14h et 19h-22h (oct.-juin : fermé mar.) • Primi 15-18 €, secondi 20-25 €.

Hôtels B&B

Albergo Betty

Hôtel familial

Belle position pour cet établissement à gestion familiale, à 50 m du lac et à quelques pas du centre-ville de Salò. Une vingtaine de chambres, sans prétention, qui ne déplairont pas à ceux qui privilégient le côté pratique, le tout à des prix plus qu'honnêtes.

Via Pietro da Salò 108, Salò • 036 54 35 81 • www.albergobetty.it • De 65 à 80 €.

Albergo Aurora

Hôtel familial

Cet hôtel a deux grands avantages : il se trouve au cœur de Malcesine, et propose des chambres à un tarif imbattable pour ce côté du lac. Confort et propreté sont au rendez-vous, même si le charme fait un peu défaut.

Piazza Vittorio Emanuele, 10, Malcesine • 04 5740 0114 • www.aurora-malcesine.com • De 60 à 90 €.

Activités Détente

Sports nautiques

Grâce à ses conditions climatiques particulières (vent fort tôt le matin, calme en milieu de journée et brise légère en fin d'après-midi), la rive nord du lac de Garde est un spot idéal pour la pratique du kitesurf, du Windsurf et de la voile.

Limone Watersports : *via IV Novembre, 3, Limone sul Garda • 348 897 5467 • www.limonewatersport.com • Leçon + matériel : paddle 15 €; catamaran 75 €; kitesurf 275 €.*

WWWind Square : *via Gardesana, 374, Malcesine • 376 029 2903 ou 335 827 5300 • www.wwwind.com • Leçon + matériel : Windsurf (2h30) 80 €; kitesurf (5h30) 170 €; paddle (1h) 50 €.*

Canyon Adventures

Descente en canyoning

Ni canoë, ni kayak, ni aucune embarcation pour cette aventure aquatique dont vous serez le héros ! Équipé de pied en cap (combinaison, gilet, etc.), vous vous jetterez dans des piscines naturelles creusées par des torrents, nagerez dans des eaux bouillonnantes, glisserez sur des toboggans de roche, descendrez en rappel des parois… Nombreux parcours de difficultés variables, dont certains sont accessibles à toute la famille.

334 869 8666 • www.canyonadv.com • Durée : 4h à 6h • À partir de 80 €/pers. (matériel + transfert A/R depuis Torbole inclus).

ESCAPADES NATURE SUR LE LAC DE GARDE

Vous voulez en prendre plein les yeux ? À pied ou à vélo, prenez le temps de parcourir l'un de ces deux superbes itinéraires : le premier traverse de spectaculaires paysages montagneux jusqu'à un ravissant petit lac de l'arrière-pays, tandis que le second, à portée de toute la famille, vous fera littéralement marcher sur l'eau !

Le Sentiero del Ponale

Le Sentiero del Ponale

Cet époustouflant sentier, creusé à même la roche au milieu du XIXe s., est l'une des plus belles pistes cyclo-piétonnières de toute la région ! On rejoint l'ancienne centrale hydroélectrique, puis on emprunte à dr. la route qui monte, juste avant le premier tunnel. Le sentier longe d'abord le lac pour s'enfoncer ensuite dans la montagne et traverser de petits tunnels, tout en réservant de magnifiques panoramas.

Départ : Riva del Garda • Arrivée : Biacesa di Ledro • Distance 11 km • Dénivelé 400 m • Retour possible par le bus n° 214 (www.gardatrentino.it) • Privilégiez les demi-saisons.

La Ciclopista del Garda

2,5 km de pur bonheur, suspendu au-dessus du lac, voilà le pari tenu du premier tronçon de la future piste cyclable de 140 km qui permettra, à l'horizon 2026, de faire le tour du lac sans croiser la moindre voiture ! On partage pour l'instant ces 2 500 m de passerelles avec les piétons. Des illuminations à faible impact environnemental permettent même de parcourir la piste de nuit. Intense !

Départ de Limone sul Garda, au niveau de l'Hôtel Panorama (à 1,5 km du centre-ville) • Accessible à toute la famille, poussettes comprises • Compter 1h à pied (aller simple) depuis le centre de Limone sul Garda.

LES PANORAMAS LES PLUS ÉBOURIFFANTS

En pleine ville, au bord du rivage ou en surplomb d'un lac, les panoramas éblouissants ne manquent pas dans cette partie de la péninsule, à cheval sur le Piémont, la Lombardie et la Vénétie. En voici quelques-uns qui vous laisseront sans voix, et parfois même sans avoir besoin de prendre de la hauteur !

Torre Branca

Pour avoir Milan à ses pieds et embrasser d'un seul regard l'océan vert du parc Sempione, le château des Sforza et les gratte-ciel du quartier des affaires.

Milan, quartier 5, voir p. 79 et 82.

Sasso del Ferro

Le lac Majeur se dévoile dans toute sa splendeur bleutée depuis la terrasse supérieure du funiculaire de Laveno-Mombello.

Lac Majeur, voir p. 157.

Villa Monastero

Tout simplement magnétique, le spectacle du lac de Côme depuis les jardins de cet ancien monastère justifierait à lui seul le voyage.

Lac de Côme, voir p. 171.

Montepiatto

Une petite église isolée, un parvis verdoyant et une vue plongeante sur l'azur du lac de Côme : quoi de mieux pour un pique-nique romantique !

Lac de Côme, voir p. 179.

Torre Civica

Un moutonnement de toits hérissé de clochers et de coupoles avec, au premier plan, la piazza Vecchia de Bergame et l'incomparable façade de la chapelle Colleoni.

Bergame, voir p. 180.

Monte Baldo

Passez du royaume des citronniers à celui des marmottes en quelques minutes et laissez-vous subjuguer par la vue sur le lac de Garde et son collier de montagnes.

Lac de Garde, voir p. 197.

Panorama depuis le Monte Baldo

ORGANISER SON WEEK-END

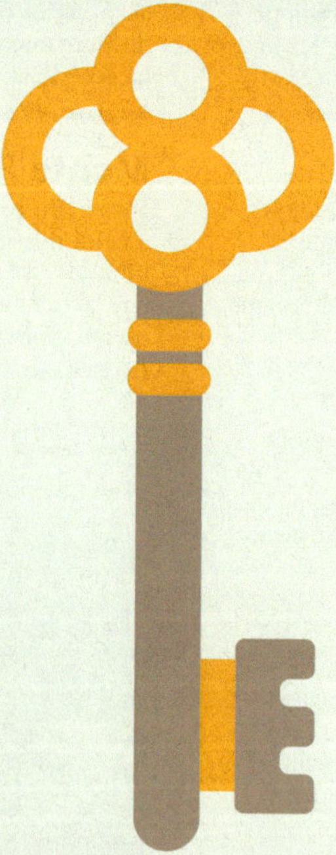

Les quais du Naviglio Grande

L'ESSENTIEL

Infos Covid-19

Compte tenu du contexte sanitaire, les horaires et conditions de visite peuvent évoluer. Des jauges de visite ont ainsi parfois été mises en place. Pensez à vérifier au préalable et à réserver vos visites.

Quand partir ?

- Les meilleures saisons sont le **printemps**, quand les jardins sont en fleurs, et l'**automne**. En général, le climat est très clément.
- L'**hiver** est souvent froid, humide et avec du brouillard. Sur les hauteurs des lacs, les pneus-neige ou les chaînes sont nécessaires.
- L'**été** est caniculaire à Milan : les habitants quittent la ville et beaucoup d'établissements ferment. Inversement, les lacs atteignent leur pic de fréquentation touristique et les prix flambent.

Formalités

Pour les citoyens de l'UE, une carte d'identité en cours de validité suffit. Les enfants mineurs non accompagnés de l'un de leurs parents doivent être en possession d'une autorisation de sortie du territoire (www.service-public.fr/particulier/vosdroits/F1359).

Comment y aller ?

encadré partenaire

En train

Nous recommandons le TGV, moyen de transport plus simple et moins polluant. Trois TGV directs assurent chaque jour (env. 7h) la liaison Paris-Gare de Lyon – Milan-Porta Garibaldi (à ne pas confondre avec la gare de Milan-Centrale). Deux classes de confort sont proposées, avec le Wi-Fi gratuit. Une collation est offerte aux voyageurs internationaux de 1re classe.

- En **avion** : vol d'environ 1h30 depuis Paris. Également, des liaisons directes depuis Lyon, Marseille, Toulouse, Lourdes, Bordeaux et Nantes.
- En **car** : comptez 12h depuis Paris, 7h depuis Lyon.

www.comparabus.com

Budget

Pour un couple, comptez au moins **250 € par jour** avec un hébergement 3-étoiles, les repas, les visites et les sorties.

Dans quel quartier loger ?

- Dans le Quadrilatero della Moda si vous êtes **passionné de shopping** ; vers les Navigli, Isola et les alentours de Porta Garibaldi pour la **vie nocturne**.
- **Tarifs moins élevés** dans le quartier de Porta Romana ou celui de Porta Nuova, tout en étant très bien reliés au centre.
- Pour les **adresses de charme**, privilégiez Brera ou le quartier de Sant'Ambrogio.
- Pour savoir où séjourner autour des lacs, voir p. 148.

Réservations

Milan est à la fois très touristique et le siège de grands événements. Mieux vaut réserver longtemps à l'avance son **logement et les visites** des sites les plus importants (Cenacolo Vinciano, etc.).

Sécurité

Milan est une ville plutôt sûre, mais les **pickpockets** peuvent sévir dans le métro et sur les places touristiques. Dans la région des lacs, ne laissez rien en évidence dans votre voiture et rendez l'intérieur de votre coffre visible.

Pourboire

Il n'est pas obligatoire mais reste apprécié (5-10 % de la note). Au restaurant, vous serez, la plupart du temps, facturé du *pane e coperto* (pain et couvert), de 2 € à 4 €.

Téléphoner

De la France vers l'Italie : 00 39 + numéro (de 6 à 12 chiffres).

De l'Italie vers la France : 00 33 + numéro sans le 0.

- Depuis juin 2017, les **frais d'itinérance** *(roaming)* ne sont plus facturés. Vous pourrez utiliser votre téléphone aux mêmes conditions tarifaires qu'en France.

Heure locale

Aucun décalage horaire.

Électricité

Même courant qu'en France (220 V, 50 Hz), mais avec des prises à deux broches dont **la taille et l'écartement sont différents**. La plupart des petits appareils seront compatibles, mais emportez, par sécurité, un adaptateur ou une fiche multitaille.

S'informer

Office national italien de tourisme (ENIT France)

www.enit.it

Arriver en Lombardie

En train

En plus des liaisons TGV Paris-Milan (voir p. 204), on trouve également des liaisons depuis Lyon (4h45) et Chambéry (3h30). Depuis l'ouverture à la concurrence, Trenitalia propose aussi deux **trains** *Frecciarossa* depuis Paris.

En avion

La région compte quatre aéroports internationaux. **Linate** (à 8 km E du centre) est le plus proche, mais **Malpensa** (à 50 km N-O) est de loin le plus grand et le plus fréquenté. Ce dernier est particulièrement pratique pour rejoindre le lac Majeur et le lac de Côme. Les vols de certaines compagnies low cost arrivent à l'aéroport **Orio al Serio de Bergame** (50 km N-E). Pour un week-end sur le lac de Garde, le plus simple consiste à relier l'aéroport de **Vérone**.

Aéroport Milan Malpensa : *www.airportmalpensa.com*

Aéroport de Linate (Enrico Forlanini) : *www.milanolinate-airport.com*

Aéroport Orio al Serio de Bergame : *www.milanbergamoairport.it*

Aéroport de Vérone (Valerio Catullo Villafranca) : *www.aeroportoverona.it*

RÉSERVER SON VOL

- Utilisez de préférence un comparateur de prix pour trouver les meilleurs tarifs aériens.
- Faites vos recherches en utilisant la navigation privée. Certaines compagnies peuvent tracer vos connexions et faire augmenter les prix à chacun de vos passages pour vous inciter à acheter vite.
- Plus la demande est forte au même moment et plus les prix augmentent : faites vos recherches dans la nuit ou au petit matin plutôt qu'en soirée ou le week-end.
- Les bagages ne sont presque jamais inclus dans le prix du billet. De plus en plus de compagnies low cost font même payer les bagages cabine.

Comparateurs de prix : *www.kayak.fr* • *www.skyscanner.fr* • *ww.liligo.com* • *www.google.com/flights*

En voiture

Les tunnels du Fréjus et du Mont-Blanc (payant) relient la France et l'Italie, mais vous pouvez aussi longer la Méditerranée et remonter vers Milan via Gênes. Comptez au moins 9h depuis Paris (sans les pauses) et 5h depuis Lyon.

Diplomatie

Consulat d'Italie à Paris

5, bd Émile-Augier, 75016 Paris • ☏ 01 44 30 47 00.

Consulat de France à Milan

Via Mangili, 1 (plan D2) • ☏ 02 65 59 141 (urgence : ☏ 02 6559 1466) • https://it.ambafrance.org/-Consulat-de-Milan-

Rejoindre le centre-ville de Milan			
	Depuis l'aéroport de Malpensa	**Prix**	**Durée**
Bus	Le **Malpensa Bus Express** ou le **Malpensa Shuttle** rejoignent la gare de Milan-Centrale toutes les 20-45 min de 5h45 à 1h15 (4h15-2h30 en été). *https://airportbusexpress.it • www.malpensashuttle.it*	10 € aller, 16-18 € A/R	1h
Train	Le **Malpensa Express** relie le terminal 1 à Milan-Centrale toutes les 30 min de 5h25 à 23h25. Plus cher que le bus, mais sans les embouteillages. *www.malpensaexpress.it*	13 € aller, 20 € A/R	50 min
Taxi	Possibilité de réserver. *03 3123 1313 ou 800 911 333 • www.taximalpensa.it*	Tarif fixe 100 €	Entre 45 min et 1h30
	Depuis l'aéroport de Linate	**Prix**	**Durée**
Bus	Le **bus urbain ATM 73** rejoint la piazza San Babila (plan D3-E3 et I7) toutes les 10-20 min. Achat du billet au bureau de tabac de l'aéroport ou au guichet automatique.	2 € aller	40 min (25 min en bus X73)
	Le **Linate Bus Express** ou le **Linate Shuttle** relient la gare de Milan-Centrale toutes les heures de 8h30 à 21h30.	7 € aller, 12-14 € A/R	30 min
Métro	La ligne M4, encore en construction, devrait relier l'aéroport à San Babila (plan D3-E3 et I7) au printemps-été 2023.		
Taxi		20-30 €	20 à 30 min
	Depuis l'aéroport Orioi al Serio (Bergame)	**Prix**	**Durée**
Bus	Le **bus Autostradale** ou le **bus Orio Shuttle** relient la gare de Milan-Centrale toutes les 15-30 min de 5h20 à 0h30.	12 € aller, 20 € A/R	1h

Se déplacer dans Milan

Transports en commun

Le réseau est géré par **ATM**. Des plans gratuits sont distribués dans les stations Duomo, Centrale, Cadorna, Garibaldi, Romolo et Loreto.

ATM : *www.atm.it*

TITRES DE TRANSPORT

Les billets sont valables 90 min et donnent droit à un seul voyage en métro et à autant de trajets que l'on souhaite en bus ou tramway.

Tarifs : *ticket normal (biglietto urbano) 2 €; carnet 10 tickets 18 €; ticket illimité 1 j. (biglietto giornaliero; valable 24h à partir du 1er compostage) 7 €; ticket illimité 3 j. (biglietto 3 giorni; valable jusqu'à minuit du 3e jour après le 1er compostage) 12 €.*

Métro *(metropolitana)*

4 lignes de métro (**M1, M2, M3** et **M5**) sont en service. La M4 devrait être inaugurée à l'horizon printemps-été 2023.

Horaires du métro : *t.l.j. 5h30-0h30.*

Train interurbain *(passante ferroviario)*

C'est l'équivalent du RER. Les lignes peuvent être empruntées avec le même billet que les autres transports en commun.

Bus

Le réseau compte une cinquantaine de lignes, dont les itinéraires sont mentionnés à chaque arrêt. La nuit, une quinzaine de lignes prennent le relais.

Tramway

C'est un mode de transport en commun très pratique. Parmi les 19 lignes, voici les plus utiles :

- **Tramway 1** : il relie la via Settembrini (plan E1-2) à la gare Cadorna (plan C3) en passant par le Quadrilatero della Moda, la piazza della Scala et le Castello Sforzesco.
- **Tramway 2** : il traverse Milan du nord au sud et dessert le quartier d'Isola (plan D1), le Castello Sforzesco, le quartier de Brera, la via Torino et les Navigli.
- **Tramway 3** : il relie le Duomo au Naviglio Pavese (plan C5) en passant par la piazza Sant'Eustorgio.

S'informer

Milan

www.yesmilano.it

Lombardie

www.in-lombardia.it/fr

Lac Majeur

www.lelacmajeur.com

Lac de Côme

www.lakecomo.is
https://mylakecomo.co/en/

Lac de Garde

www.visitgarda.com
www.gardalombardia

Lac d'Orta

www.lagodorta.piemonte.it/

Lac d'Iseo

https://visitlakeiseo.info/

MilanoCard

Valable de 1 à 3 jours, la MilanoCard permet d'emprunter le réseau ATM à volonté. Elle procure aussi des réductions dans de nombreux musées, parmi une sélection de magasins et de restaurants touristiques, dans les bus à impériale et sur les sorties en bateaux sur les Navigli. Vous bénéficierez également de 30 % de remise pour une course en taxi et de boissons gratuites dans certains bars. Faites cependant bien vos calculs, car les autres remises dépassent rarement les 5 %.

En vente dans les offices de tourisme et sur Internet • www.milanocard.it • 1 jour 12,50 €, 2 jours 17,50 €, 3 jours 19,50 €.

◗ **Tramway 9** : il relie la gare de Milan-Centrale à la Porta Genova (plan C4) en contournant le centre-ville.

Taxi

Les taxis milanais officiels sont toujours de couleur blanche. Parmi les compagnies sérieuses :

Taxi Blu : *☎ 02 40 40 • www.taxiblu.it*

Autoradio Taxi : *☎ 02 85 85 • www.028585.it*

Yellow Taxi : *☎ 02 69 69 • www.026969.it*

Bus à impériale

Les bus rouges à impériale de la compagnie **City Sightseeing** relient les principaux sites touristiques et proposent des commentaires audioguidés en français.

City Sightseeing : *☎ 02 86 71 31 • www.city-sightseeing.it/fr/milan/ • Départs piazza Castello de 9h30/10h à 16h/18h, fréquence de passage de 30, 45 ou 90 min, selon les lignes, les jours et les saisons • Billet 24h 22 €, 48h 25 €, 72h 32 €.*

Vélo en libre-service

215 bornes du réseau **BikeMi** sont installées en centre-ville. Abonnement par Internet, dans l'un des info-points ATM ou par téléphone.

☎ 02 4860 7607 (t.l.j. 7h-14h) • www.bikemi.it

Voiture

Circuler en voiture dans Milan est déconseillé. Le trafic est très dense et les places en dehors des parkings payants sont rares.

Une taxe de 5 € par jour est appliquée pour pénétrer le centre-ville *(Cerchia dei Bastioni)* en semaine, du lun. au ven. entre 7h30 et 19h30. Pour s'en acquiter, il faut acheter et activer un « Coupon C » 24h à l'avance. Possibilité d'achat le jour même dans les bureaux de tabac ou directement au parcmètre (Fonction 1 > Service ATM > Zone C).

Gare aux amendes ! En cas d'infraction, il n'y a pas de tolérance pour les immatriculations non italiennes.

Coupon C pour pénétrer le centre de Milan en voiture : *☎ 02 4868 4001 • https://areac.atm-mi.it/Areac/iweb/Acquisto.aspx*

Se rendre dans la région des lacs

Voir aussi p. 148.

En train

Choisissez en priorité les *Frecciarossa* ou les *Frecciargento*, les plus rapides, ou les InterCity, toujours climatisés. Les *treni locali* sont de loin les plus lents, d'autant qu'ils s'arrêtent dans quasiment toutes les gares.

Trenitalia : *☎ 80 20 21 • www.trenitalia.com*
Trenord : *☎ 02 7249 4949 • www.trenord.it*

LAC MAJEUR

Jusqu'à Verbania, via Arona et Stresa, comptez 2 à 3h depuis la gare de Milan-Centrale ou Porta Garibaldi. Pour Laveno Mombello, comptez 1h30 à 2h depuis Porta Garibaldi ou Cadorna.

Vers Stresa 9,20€ • vers Laveno 7€.

LAC DE CÔME

Jusqu'à Como San Giovanni, comptez 35 min depuis la gare Centrale ou 1h depuis Porta Garibaldi. Jusqu'à Como Nord Lago (plus proche de l'embarcadère), comptez 1h depuis Cadorna.

À partir de 4,80€.

BERGAME

Comptez 50 min depuis la gare Centrale ou 1h depuis Porta Garibaldi.

De 4,80 à 5,50€.

LAC DE GARDE

Les départs se font de la gare Centrale. Comptez 1h15 jusqu'à Desenzano del Garda ou 1h25 jusqu'à Peschiera del Garda.

À partir de 9,20€ pour Desenzano, 10,50€ pour Peschiera.

En voiture

De Milan, comptez 1h10 pour rejoindre Stresa, 50 min pour Côme, 50 min pour Bergame et 1h40 pour Sirmione.

Utilisez des comparateurs pour trouver les meilleurs tarifs de location de voiture et privilégiez les agences connues.

En bus

LAC MAJEUR

Depuis l'aéroport de Malpensa, les **Alibus** desservent Arona (40 min), Stresa (1h) et Verbania-Pallanza (1h30).

Depuis la gare routière de Lampugnano, les **cars S.A.F.** relient Arona (1h), Stresa (1h25) et Pallanza (1h45).

Alibus : *☎ 323 552172 • Avr.-oct. : t.l.j. 9h-21h30 • Depuis l'aéroport : 12-15€ aller; résa obligatoire la veille avant 11h.*
Cars S.A.F. : *www.safduemila.com 8-10€ aller.*

BERGAME

Le **Airport Bus** relie l'aéroport d'Orio al Serio à la gare ferroviaire, à la ville basse, à la ville haute et à la station du **funiculaire**.

www.atb.bergamo.it • Départs toutes les 20-30 min • 2,40€ aller, incluant la correspondance avec les bus urbains.

Quelques règles pour louer une voiture

- Être âgé de 21 ans minimum et avoir son permis depuis 1 an minimum.
- Utilisez la même carte bancaire pour la souscription de la location et pour l'empreinte de carte qui sera prise sur place pour la caution.
- Certains loueurs exigent une carte de crédit pour la caution, alors qu'il est d'usage en France de n'avoir qu'une carte de débit. Votre banque pourra vous en émettre une facilement si nécessaire. Si vous ne présentez pas une carte de crédit sur place, certaines agences peuvent vous refuser le véhicule réservé sans pour autant vous rembourser.
- Si vous louez par un comparateur (BSP Auto, Carigami, Rentalcars...), celui-ci n'est pas responsable des éventuels contentieux.
- Lisez bien le contrat pour connaître les options et assurances incluses.
- Prenez en photo le véhicule sous tous les angles possibles au moment de la prise de la voiture, puis de sa restitution.
- Restituez le véhicule avec le même niveau d'essence qu'au départ.
- Les assurances pour les véhicules citadins ne sont pas forcément valables pour les 4×4 ni pour les camping-cars.
- Il est fréquent que la caution soit réellement débitée et ne soit remboursée que plusieurs semaines après la restitution du véhicule.
- En cas d'accident, contactez votre assurance et demandez quels papiers sont nécessaires pour obtenir le remboursement des frais.

En bateau

C'est l'une des plus belles façons de vivre les lacs. On peut embarquer sur les *traghetti* (lignes régulières entre les différentes localités) ou recourir à une compagnie privée qui organise des excursions à la carte.

Téléchargez l'application **DreamLake** : elle vous fournira les horaires des *traghetti* qui sillonnent les lacs, et la possibilité d'acheter vos billets.

Visiter Milan et la région des lacs

Milan gratuit

L'**entrée dans les musées nationaux et municipaux** est généralement gratuite pour les Européens de moins de 18 ans et de plus de 65 ans. Certains musées (Palazzo Morando, Museo del Risorgimento, Mudec...) sont en accès libre, d'autres pratiquent la gratuité à certains moments du mois.

Objets perdus

Ufficio Oggetti Rinvenuti (bureau des objets trouvés).

Via Friuli, 30 (plan E5) • 02 8845 3900
• Lun.-ven. 8h30-12h; fermé 15 j. en août
• Pièce d'identité obligatoire.

Lors de la **Nuit des musées** (Notte dei Musei, www.beniculturali.it) en mai, l'entrée des musées nationaux ouverts est à 1 €.

Étudiez sur Internet les **offres promotionnelles et les bons de réduction** pour certains restaurants (www.groupalia.it/milano/).

Dans les zones signalées « Open Wifi Milano », vous pouvez bénéficier du **Wi-Fi gratuit** : connectez-vous au réseau Open Wifi Milano et remplissez le formulaire.

Visites guidées

De nombreuses associations de guides touristiques habilités proposent des services à la carte : visites de musées, de quartiers, excursions dans les environs, *shopping tours*, balades à vélo…

Milano con Voi

Visites en français, notamment à travers le Cimitero Monumentale.

340 260 16 74 ou 349 162 72 09
• www.milanoconvoi.it

Algat

Circuits à la découverte de quartiers moins connus, comme les Navigli, de l'architecture Liberty ou des *stockhouses* des grandes marques de prêt-à-porter.

02 5521 0477 ou 339 438 87 99
• www.guideturistichemilano.it

Opera d'Arte

Visites des souterrains et des chemins de ronde du Castello Sforzesco ou de la GAM.

02 4548 7400 • www.operadartemilano.it

Ad Artem

Découverte des principaux sites et musées milanais à travers des parcours thématiques.

02 65 97 728 • www.adartem.it

Guides touristiques au lac de Côme

Mondo Turistico

Pour la zone de Côme et Lecco.

Via Indipendenza, 54, Como • 339 416 3108 • www.guidelagodicomo.com

Se baigner dans les lacs

Les lacs d'Italie du Nord déroulent des kilomètres de côtes ponctués de plages de toute taille, qui n'ont pas à rougir de la comparaison avec celles du bord de mer.

Libres ou équipées, convertes de pelouse ou de galets, elles jouissent, pour la plupart, d'un superbe panorama et d'une eau chaude et transparente.

Retrouvez ci-contre une sélection de spots qui s'ajoutent à ceux décrits au fil des visites.

Nom et localisation	Équipements et atouts	Accès
Plages au bord du lac Majeur		
Lido di Arona : à Arona	Plateforme sur l'eau ; douches et w.-c. ; location de matériel	Gratuite
Lido di Meina : à 2 km au nord d'Arona	Piscine et court de tennis, services de restauration	Payante
Spiaggia dell'Erno : à Lesa, entre Arona et Stresa	Très bien tenue ; à l'embouchure d'une rivière	Payante
Voir aussi p. 157 les plages de la rive orientale du lac Majeur		
Plages au bord du lac de Côme		
Lido di Argegno : rive ouest, à 21 km N de Côme	Plage équipée ; piscine	Payante
Lido di Lenno	L'une des plus belles plages du lac ; location de matériel	Payante
Spiaggia di Pianello : à 10 km N de Menaggio	Superbe panorama	Gratuite
Santa Maria di Rezzonico : à 6 km N de Menaggio	Jolie petite plage discrète au pied d'un château	Gratuite
Riva Bianca : à Lierna, 5 km S de Varenna	Petits galets clairs ; décor de rêve	Gratuite
Plages au bord du lac de Garde		
Desenzano del Garda	Plage équipée ; location de matériel	Gratuite
Sabbioni : à Riva del Garda	Vaste ; terrains de jeux	Gratuite
Spiaggia dei Pini : à Riva del Garda	Moitié pelouse, moitié galets	Gratuite
Santa Maria di Lungana : à Sirmione	Plage de galets peu profonde	Gratuite
Spiaggia di Bergamini : à Pescheria del Garda	Équipée ; location de matériel	Gratuite
Limone sul Garda	Plusieurs plages équipées	Gratuite

L'Italie au quotidien

Horaires

La majorité des musées de Milan sont fermés le lun. En principe, les musées sont ouverts de 8h30-9h à 19h-19h30, les billetteries ferment 30 min plus tôt.

Les églises ferment entre 12h30 et 15h30 (parfois 16h ou 17h). Elles ouvrent tôt le matin pour la messe, mais il est fortement déconseillé de les visiter à ce moment-là.

Courrier

Les boîtes aux lettres italiennes officielles sont rouges, et les timbres *(francobolli)* s'achètent dans la plupart des bureaux de tabac ou à la poste. Comptez 1,50 € le timbre pour la France.

Soyez vigilant, car **il existe des opérateurs postaux privés.** On les reconnaît à leurs timbres différents et à leurs boîtes aux lettres de couleur jaune. La poste classique n'accepte pas les timbres des opérateurs privés, et inversement !

Poste centrale : ***via Cordusio, 4 • Lun.-ven. 8h20-19h, sam. 8h20-12h30.***

Jours fériés

Nouvel An • Épiphanie : 6 janvier • Lundi de Pâques • Libération italienne : 25 avril • 1er mai • Fête nationale : 2 juin • Assomption • Toussaint • Immaculée Conception : 8 décembre • 25 et 26 décembre.

Téléphoner

Les numéros italiens ont un nombre variable de chiffres, entre 6 et 12 (indicatif local compris). **Les portables italiens** comprennent 10 chiffres et commencent par 3.

Pour les indicatifs internationaux et les frais d'itinérance, voir p. 205.

Comment payer ?

L'Italie étant un pays de la zone euro, vous pouvez y effectuer vos retraits et paiements comme vous le feriez en France, donc gratuits et sans commission pour la plupart des cartes bancaires.

Hébergement

L'hébergement est, d'une manière générale, **très cher** : au centre de Milan, comptez **entre 90 € et 140 € pour une chambre double standard** dans un hôtel 3-étoiles, et encore plus dans la région des lacs à la belle saison. Une taxe de séjour de 2 à 5 € par nuit et par adulte s'ajoute au prix de la chambre (elle s'acquitte auprès de l'hôtel). Pour un séjour de 4 à 5 jours, privilégiez la location d'appartement.

Pensez à réserver longtemps à l'avance si votre séjour coïncide avec de **grands salons** et des **foires**, comme la Fashion Week ou le Salon du meuble : les

Trouver un logement

Auberges de jeunesse *(ostelli della gioventù)* :

- *www.hostelworld.com*
- *www.hostelsclub.com*
- *www.ostellidellagioventu.com*

B&B et location d'appartements :

- *www.bbitalia.it* • *www.bed-and-breakfast.it* • *www.hotel-bb.com*
- *www.vrbo.com* • *www.airbnb.fr*
- *www.abritel.fr*

Centrales de réservation :

- *www.initalia.it* • *www.momondo.it*

prix peuvent doubler, les hôtels sont pris d'assaut et il est alors pratiquement impossible de trouver un logement à la dernière minute.

En août, Milan se vide de ses habitants et les établissements proposent d'importants rabais. Raisonnement inversé pour la région des lacs : les tarifs flambent et ne redescendent qu'en octobre, avant la fermeture saisonnière, généralement jusqu'au week-end de Pâques.

Classification

L'attribution des étoiles est différente du système français. La décoration des 3-étoiles étant parfois tristounette, visez un 4-étoiles pour éviter les déceptions. En plein été, assurez-vous que les chambres soient climatisées. Pensez aussi aux bed & breakfast, souvent très confortables, pleins de charme et bien plus abordables.

Au restaurant

Choisir son établissement

- Un ***ristorante*** est un restaurant élégant, dont les prix dépassent les 50 €/pers. pour un repas complet.
- Une ***trattoria*** désigne un endroit plus simple, traditionnellement à gestion familiale, et aux prix plus serrés (de 25 à 35 €).
- Une ***osteria*** est être une version plus modeste de la *trattoria*, mais mieux vaut consulter la carte pour éviter les mauvaises surprises.
- Les cafés ***(caffè, caffetteria)***, les boulangeries ***(panetterie)*** et les sandwicheries ***(paninoteche)*** servent sandwichs, paninis (3-6 €), *pizza al taglio* (parts de pizza à emporter, 5-6 €) et plats du jour (8-10 €).

À savoir

- En règle générale, les restaurants sont ouverts de 12h30 à 14h30 et de 19h30 à 22h30-23h.
- La quasi-totalité des restaurants facturent 1,50 € à 3 €/pers. pour **le pain et le couvert** (*pane e coperto).*
- Les restaurateurs ne proposent jamais de carafes d'eau.
- Le **service est compris** et le **pourboire** n'est pas obligatoire.

À la carte

Le repas italien classique comporte une suite de plats gargantuesque. Il débute avec un ***antipasto*** (charcuterie, légumes marinés...), se poursuit avec le ***primo*** (soupe,

L'*aperitivo*

Impossible de ne pas sacrifier à ce rituel milanais, qui voit chaque jour les bars et cafés s'emplir d'une foule joyeuse venue partager un moment convivial. On y boit traditionnellement un negroni (vermouth rouge, Campari et gin) ou un spritz (Aperol, prosecco ou vin blanc sec et eau gazeuse), accompagné d'assortiments de canapés, de minipizzas et de charcuterie. L'heure de pointe pour l'*aperitivo* se situe entre 19h et 20h30 et s'achève généralement à 21h, mais peut parfois se prolonger jusqu'à 22h. Le prix d'un *aperitovo* (cocktail + bouchées) varie de 7 à 15 €.

pâtes ou risotto), se prolonge avec le ***secondo*** (viande ou poisson) auquel il faut ajouter le ***contorno*** (l'accompagnement), pour finir par le ***dolce*** (le dessert). Ce chapelet de plats est désormais réservé aux jours de fête. La plupart des Italiens se contentent d'un ***antipasto*** et d'un ***primo***, ou même juste d'un ***secondo***.

Shopping

Le Quadrilatero della Moda (voir p. 42) concentre les grandes **marques de luxe**. Le long du corso Vittorio Emanuele II (plan I7), du corso Buenos Aires (plan E2-F1), de la via Dante (plan G7) et de la via Torino (plan C4/D3-4) sont regroupées les **enseignes internationales**. Les quartiers de Brera (voir p. 52) et des Navigli (voir p. 108) abritent des **showrooms** et des **ateliers d'artistes.** Les **magasins de design** ont élu domicile entre la piazza San Babila (plan I7) et la piazza del Tricolore (plan E3), surtout via Durini et corso Monforte. Vers le corso Magenta (plan D3/C3) et Sant'Ambrogio (plan C3-4) se nichent des **boutiques de déco**, de bijoux et d'accessoires.

Horaires

Magasins ouverts en principe le lun. 15h-19h/20h, et mar.-sam. 10h-13h et 15h-19h30/20h. **L'horaire continu tend à devenir la norme**, surtout pour les enseignes internationales et les boutiques des quartiers touristiques, qui peuvent même ouvrir le dim. Les commerces alimentaires ferment le dim. et parfois le lun. apr.-midi.

Soldes

Elles commencent généralement le 5 janvier pour les collections d'hiver et le 1er sam. de juil. pour celles d'été. Les rabais peuvent atteindre 80 % à la fin de la période, qui dure... 60 jours !

Tailles

Pour obtenir votre taille italienne, ajoutez 2 tailles à votre taille française.

Fêtes & festivals

Janvier

◗ **Corteo dei Magi (6 janv.)** : cortège en costumes d'époque à travers les rues du centre-ville pour célébrer l'Épiphanie.

Février

◗ **Carnevale Ambrosiano** : le carnaval de Milan s'achève un samedi par un défilé en costumes qui envahit le centre.

◗ **Nouvel An chinois** : feux d'artifice et défilé de dragons dans la via Paolo Sarpi.

Avril

◗ **Fiera dell'Angelo** : le lundi de Pâques, un grand marché envahit les rues entre Porta Nuova, piazza della Repubblica et Porta Tenaglia.

◗ **MiArt** : Salon international de l'art moderne et contemporain.
www.miart.it

◗ **Salone Internazionale del Mobile** : Salon du meuble, accompagné d'événements et d'animations.
www.salonemilano.it

◗ **Festival Pianistico Internazionale di Brescia e Bergamo** : depuis 1964, l'un des plus importants récitals de musique classique d'Europe, dans les théâtres des deux villes.
www.festivalpianistico.it.

◗ **Lake Como Festival** : entre avril et septembre, des concerts de musique classique ont lieu dans les villas et jardins du lac de Côme.
http://lakecomofestival.com

Mai

◗ **Stramilano** : depuis plus de 40 ans, cette course rassemble des dizaines de milliers de coureurs. Choix entre trois parcours (5, 10 ou 21 km).
www.stramilano.it

◗ **Cortili Aperti** : un dimanche fin mai ou début juin, de nombreuses cours privées ouvrent leurs portes au public et organisent des concerts de musique classique.

Juin

◗ **Milano Pride** : le dernier sam., défilés et festivités ont lieu tout au long de la journée et de la nuit à l'occasion de la Gay Pride milanaise, qui conclut une semaine de manifestations variées.
www.milanopride.it

◗ **La Bella Estate** : entre mi-juin et mi-septembre, plus de 400 concerts et manifestations sont organisés par la mairie de Milan.
www.comune.milano.it

◗ **Festival Cusiano di Musica Antica** : le plus important festival de musique baroque d'Italie du Nord. Une semaine de concerts et de spectacles sur le lac d'Orta, en particulier sur l'île de San Giulio.
www.amicimusicacosito.it

Nos marchés préférés

Milan

Brocantes : *le long du Naviglio Grande : dern. dim. du mois 9h-18h • Quartier de Brera : 3e dim. du mois 9h-18h • Via Valenza : dim. 9h-13h (sauf le dern. du mois) • Fiera di Sinigaglia (le plus grand marché aux puces de Milan), au bord de la Darsena et du Naviglio Grande, sam. 8h-18h.*

Généralistes : *via Fauché : mar. 8h30-13h, sam. 8h30-17h • Via Volturno et via Sebenico : mar. 8h30-13h, sam. 8h30-17h • Au bord de la Darsena : lun. 8h30-13h, mar.-sam. 8h30-13h et 16h-20h.*

Lac Majeur

Cannobio : *artisanat : juin-sept. ven. 15h-23h • Marché du collectionnisme : juin-oct. 1er sam. du mois. 8h-20h • Généraliste : dim. 8h-13h.*

Arona : *généraliste : mar. 8h-13h.*

Stresa : *généraliste ven. 8h-13h.*

Lac de Côme

Côme : *artisanat : 2e, 3e et 4e sam. du mois 8h-19h • Brocante : 1er sam. du mois 8h-19h • Généraliste : mar. et jeu. 8h-13h et sam. 8h-18h.*

Lac de Garde

Desenzano del Garda : *brocante : mai-déc. 1er dim. du mois 9h-19h • Généraliste : mar. 8h-13h.*

Salò : *brocante : mai-déc. 1er dim. du mois 9h-19h.*

Juillet-août

LacMus Festival : l'un des plus fascinants festivals de musique classique de la région, dans des lieux exceptionnels du lac de Côme.
https://lacmusfestival.com

Notte Bianca dei Saldi : coup d'envoi des soldes en juillet, marqué par une multitude de spectacles et de concerts de rue.

Stresa Festival : riche programmation musicale pour ce festival qui investit des lieux d'exception du lac Majeur.
www.stresafestival.eu

Yellow Night Limone : concerts et feux d'artifice à la mi-août à Limone sul Garda, sur le lac de Garde.

Midsummer Jazz Concerts : une semaine de concerts en plein air sur le *lungolago* de Stresa, sur le lac Majeur.
www.stresafestival.eu

Septembre

Milano Film Festival : pendant une semaine, des projections sont organisées dans des parcs, rues, musées, parkings, théâtres…

La Nivola e il Santo Chiodo : le sam. le plus proche du 14 sept., l'archevêque de Milan est hissé dans une nacelle sous la coupole du Duomo pour récupérer un clou de la sainte Croix suspendu à la voûte.

MITO Settembre Musica : festival de musiques antique, classique, contemporaine, jazz et électronique.
www.mitosettembre musica.it

Octobre

Milano Musica : un mois de concerts de musiques contemporaine et classique à la Scala, mais aussi dans des auditoriums, des galeries d'art, des églises et au Conservatoire.
www.milanomusica.org

Novembre

◗ **Milano AutoClassica** : fin nov., le Salon de l'automobile ancienne expose les voitures comme des œuvres d'art.
www.milanoautoclassica.com

Décembre

◗ **Artigiano in Fiera** : chaque année, Milan accueille le plus grand village de l'artisanat du monde, avec plus de 100 exposants.
www.artigianoinfiera.it

◗ **Festa di Sant'Ambrogio** : le 7 déc., pour la fête du saint patron de Milan, le marché Oh Bej! Oh Bej! investit la piazza Castello et se prolonge jusqu'au dimanche suivant. Brocante, produits artisanaux, spécialités régionales.

◗ **Ouverture de la saison lyrique** : le 7 déc., le pays a les yeux rivés sur le Teatro alla Scala à l'occasion du premier opéra de la saison. Les billets sont introuvables, et smokings et robes longues sont de rigueur.
www.teatroallascala.org.

URGENCES

Numéros utiles

Toutes urgences : ☎ 112 (nº européen).

Urgences médicales : ☎ 118.

Police nationale : ☎ 113.

Pompiers : ☎ 115.

Perte de votre carte bancaire

Avant de partir, pensez à noter les 16 chiffres de votre carte bancaire, qui vous seront demandés en cas d'opposition.

Service interbancaire d'opposition : *☎ 0892 705 705 (payant)*

Visa : *☎ 00 33 800 819 014 depuis l'Italie,*
• *www.visa.fr*

Mastercard : *☎ 800 870 866 depuis l'Italie*
• *www.mastercard.com/fr*

American Express : *☎ 00 33 147 77 72 00*
• *www.americanexpress.com*

Santé

Trois semaines avant le départ, commandez votre carte européenne d'assurance maladie (valable 1 an) auprès de votre centre de sécurité sociale. En cas d'ennuis de santé, vous n'aurez ainsi pas à avancer de frais.

LEXIQUE

Au quotidien

À droite : *a destra*
À gauche : *a sinistra*
Assez : *abbastanza*
Au revoir : *arrivederci*
Avez-vous ? : *ha ?*
Beaucoup : *molto*
Bonjour : *buongiorno*
C'est trop cher : *è troppo caro*
Combien coûte ? : *quanto costa ?*
Combien est-ce ? : *quanto è ?*
Excusez-moi : *scusi*
Fermé : *chiuso*
Je ne comprends pas : *non capisco*
Je vous en prie : *prego*
Madame : *signora*
Merci : *grazie*
Monsieur : *signore*
Non : *no*
Oui : *sì*
Ouvert : *aperto*
Pourquoi ? : *perché ?*
Pouvez-vous me dire ? : *può dirmi ?*
Puis-je voir ? : *posso vedere ?*
Rien : *niente*
S'il vous plaît : *per favore*
Tout droit : *dritto*

Administratif

Argent : *denaro*
Banque : *banca*
Boîte aux lettres : *cassetta delle lettere*
Change : *cambio*
Changer : *cambiare*
Poste : *posta*
Téléphone : *telefono*
Timbre : *francobollo*

Restaurant

Déjeuner : *pranzo*
Desserts : *dolci*
Dîner : *cena*
Fromage : *formaggio*
Fruits : *frutta*
Gâteau : *torta*
Glace : *gelato*
Hors-d'œuvre : *antipasti*
L'addition, s'il vous plaît : *il conto, per favore*
Menu : *carta, lista*
Moutarde : *senape*
Pain : *pane*
Pâtes : *pasta*
Poisson : *pesce*
Repas : *pasto*
Salade : *insalata*
Sel : *sale*
Sucre : *zucchero*
Veau : *vitello*
Verre : *bicchiere*

Boissons

Bière : *birra*
Café : *caffè*
Café allongé : *caffè lungo*
Café crème : *cappuccino*
Café noisette : *macchiato*
Chocolat : *cioccolata (in tazza)*
Eau plate : *acqua naturale*
Eau gazeuse : *acqua frizzante*
Jus de fruits : *succo di frutta*
Thé : *tè*

Shopping

Acheter bon marché : *comprare a buon mercato*
Bague : *anello*
Bijou : *gioiello*
Bijoutier : *gioielliere, orefice*
Boucle d'oreille : *orecchino*
Boutique : *negozio*
Bracelet : *braccialetto*
Broderie : *ricamo*
Caisse : *cassa*
Ceinture : *cintura*
Cent grammes : *un etto*
Chapeau : *cappello*
Chaussettes (ou bas) : *calzini*
Chaussures : *scarpe*
Chemise : *camicia*
Chemisier : *camicetta*
Cher : *caro*
Collant : *collant*
Costume : *vestito*
Cravate : *cravatta*
Cuir : *cuoio*
Dessin : *disegno*
Disque : *disco*
Écharpe : *sciarpa*
Entrepôt : *magazzino*
Étiquette : *etichetta*
Faire des achats : *fare delle compere*
Faire une commande : *fare un' ordinare*
Je peux voir ? : *posso vedere ?*
Jogging : *tuta da ginnastica*
Jouet : *giocattolo*
Jupe : *gonna*
Lingerie : *intimo*
Livraison : *consegna*
Livre : *libro*
Manteau : *cappotto*
Mode : *moda*
Mouchoir : *fazzoletto*
Nappe : *tovaglia*
Pantalon : *calzoni, pantaloni*
Payer : *pagare*
Peau : *pelle*
Pointure : *numero*
Polo : *maglietta*
Portefeuille : *portafoglio*
Porte-monnaie : *portamonete*
Prix : *prezzo*
Pull-over : *maglia*
Qualité : *qualità*
Rabais : *sconto*
Retouche : *riparazione* ou *ritocco*
Robe : *vestito*
Sac : *borsa*
Sac à main : *borsetta*
Soie : *seta*
Soldes : *saldi* ou *liquidazione*
Solide : *solido*
Soutien-gorge : *reggiseno*
Sweat-shirt : *felpa*
Talon (haut) : *tacco (alto)*
Tarif : *tariffa, listino dei prezzi*
Tissu : *tessuto*
Velours : *velluto*
Veste : *giacca*

CRÉDITS PHOTOS

Jérôme Plon

p. 3b, 4hg, 7bd, 11c, 21, 25, 35, 37, 39, 43, 44, 48, 49, 51, 52, 58, 61, 62, 63, 69, 74, 78, 79, 81, 87, 88, 92, 95, 98, 101, 107, 115, 120, 121, 128, 130, 133, 134, 163, 174, 185, 186.

Yoann Stoeckel

p. 1, 7bg, 9hd, 10cd, 12, 13, 19, 27, 30, 31, 32, 34, 38, 59, 70, 72, 75, 90, 94, 97, 104, 114, 116, 119, 129, 135, 143, 170, 203.

Nathalie Campodonico

p. 91, 113, 173.

Adobe Stock

Andrew Mayovskyy : p. 184; Andrew_shots : p. 96; Anton Ivanov Photo : p. 153; Audrius, avec l'autorisation de Boeri Studio : p. 122; Beatrice Prève : p. 3h; Bergfee : p. 16; Boris Stroujko : p. 108, 181; Composer : p. 5h; Daniele : p. 22; dbrnjhrj : p. 28; dudlajzov : p. 193; e_polischuk : p. 191; e55evu : p. 149, 169; Efesenko : p. 84; Ekaterina : p. 53; Ekaterina Belova : p. 76; EleSi : p. 167; elitravo : p. 14; Elophotos : p. 136; Eva Bocek : p. 166, 171; Franco Ricci : p. 85, 99, 100; Freesurf : p. 180; Gabriele Bignoli : p. 155; gabriffaldi : p. 4hd, 41; Gorilla : p. 200; Grafvision : p. 188; Jan Cattaneo : p. 109; johnkruger1 : p. 177; Leventina : p. 125; LianeM : p. 156; Luciano Mortula-LGM : p. 66; MarinadeArt : p. 151; Maurizio Rovati : p. 198; Michal Ludwiczak : p. 15; mojolo : p. 4b, 154; Natalia Schuchardt : p. 179; Ne_Cloud : p. 7h; Olga Demchishina : p. 56; ondanomala : p. 194; Pasquale D'Anna : p. 165; Patryk Kosmider : p. 183; Phil : p. 178; picture10 : p. 80, 139; Renzo : p. 164; Reyhan : p. 201; saiko3p : p. 147; Scaliger : p. 123; Simon Dannhauer : p. 17; Simone_n : p. 137; stefanotermanini : p. 195; stevanzz : p. 150; Trambitski : p. 9bd; Valery Bareta : p. 5b; walipix : p. 23; xbrchx : p. 196.

Hemis

Augusto Colombo – ITALIA / Alamy : p. 145; Darryl Brooks / Alamy : p. 64; Maisant Ludovic : p. 3c, 42; Marina Spironetti / Alamy : p. 140; Rieger Bertrand : p. 46.

Shutterstock

Alexandre Rotenberg : p. 126; Andrea Berg : p. 77, 190; FMilano_Photography : p. 89; Paolo Bona : p. 111.

Photos de prêt

L'éditeur remercie chaleureusement les adresses et organismes suivants pour lui avoir prêté des photos : • **Accor** : Abaca Press/Enza Tambora : p. 131, 175 ; Matteo Calo : p. 132 • **Daniele Marucci pour LacMus Festival** – myLakeComo.co : p. 8h • **Dipingiamo All'Aperto** : p. 9hg, 187 • **Ge.Lab** : p. 10cg • **Il Verbano** : p. 158 • **Remulass** : Laura Lamonaca : p. 11h • **Archivio Museo Nazionale Scienza Tecnologia** : Mauro Fermariello : p. 83 • **Sky Bar** : p. 160 • **Zipline Milano** : p. 8c, 162.

Couverture

Plat 1 (visuel principal) : balustrade de la Villa del Balbianello, ©nadtochiy/Shutterstock; plat 4 : piazza del Duomo et entrée de la Galleria Vittorio Emanuelle II, ©resul/Adobe Stock.

INDEX

Nathalie Campodonico, auteure de cette édition,

parcourt les routes du monde depuis plus de 20 ans pour écrire guides touristiques et livres de voyage. Italienne de cœur et d'adoption, elle s'est installée depuis 3 ans à Parme, à seulement 1h30 de Milan. Pour cette édition, elle a une fois de plus arpenté chaque recoin de la capitale lombarde et des lacs italiens, en quête de lieux magiques et d'adresses originales : vues spectaculaires, *trattorias* de charme, boutiques branchées, activités ludiques...

Précédente édition revue et enrichie par Marie-Isabelle Corradi.
Édition originale établie par Nathalie Campodonico.

Direction : Sidonie Chollet
Direction éditoriale : Cécile Petiau
Édition : Adam Stambul
Lecture-correction : Nadine Lucas
Ont également collaboré à cet ouvrage : Marella Barbera, Hugo Caesar
Cartographie : Frédéric Clémençon et Aurélie Huot
Fabrication : Liza Sacco et Aude Cauchet
Mise en pages intérieure : Nord Compo
Conception graphique de la maquette intérieure : Minsk Studio
Illustrations : Minsk Studio
Conception graphique de la couverture : Studio POLI&CO

Contact presse : rmazef@hachette-livre.fr – ☏ 01 43 92 36 66
Contact publicité : partenariat-tourisme@hachette-livre.fr

Aussi soigneusement qu'il ait été établi, ce guide n'est pas à l'abri de changements de dernière heure, d'erreurs ou d'omissions. Ne manquez pas de nous faire part de vos remarques et informez-nous aussi de vos découvertes personnelles, nous accordons la plus grande importance au courrier de nos lecteurs : **weekend@hachette-livre.fr**

Conformément à une jurisprudence constante (Toulouse 14-01-1887), les erreurs ou omissions involontaires qui auraient pu subsister dans ce guide, malgré nos soins et les contrôles de l'équipe de rédaction, ne sauraient engager la responsabilité de l'éditeur.
Le contenu des annonces publicitaires insérées dans ce guide n'engage en rien la responsabilité de l'éditeur.

Édité par Hachette Livre (58, rue Jean-Bleuzen, CS 70007, 92178 Vanves Cedex)
Imprimé par Polygraf (Capajevova 44, 08199 Presov, Slovaquie)
Achevé d'imprimer : janvier 2023
ISBN : 978-2-01-721523-3 – 76-1197-4
Dépôt légal : janvier 2023 - Collection n° 44 - Édition : 01